ベンチャー起業と
エンジェルの精神

一般財団法人八幡創業支援財団 理事長
八幡 惠介 Yawata Keisuke

ENTREPRENEURSHIP
AND THE SPIRIT OF
ANGEL INVESTORS

青山ライフ出版

まえがき

　ベンチャー起業とエンジェルの精神の執筆にあたり、筆者の経験を共有したい。シリコンバレー在住の経験からアメリカにおけるベンチャー起業の盛んな状況、起業が成功して巨万の富を得てもそれを自分一人のものとせず後輩の起業家に資金提供することで起業のサイクルがうまく回るさまを見て、日本にもこの仕組みができるといいなと思い、シリコンバレーで立ち上がったInternational AngelInvestorsという団体の日本支部を作ろうと、勤務先が同じだった友人とその団体の日本支部をIAIジャパンとして立ち上げることにした。

　この団体の名の通り国際的に創業期のアントレプレナーに資金を提供する仕組みを作ることにした。1990年代後半の日本にはエンジェルを名乗る成功者は皆目見当たらなかった。そんな中、IAIジャパンが率先してエンジェルを募集し、エンジェル候補を育成したいと活動を始めた。数年が経ってもエンジェルは見つからず、シリコンバレーの友人とエンジェル研修のプログラムを提供するなど育成にも心掛けたが、結局日本の文化にはエンジェルが生まれ、根付くことはない、との結論に達し、IAIジャパンの理事長を自ら退任することを決意した。

　その原因を考えると、儒教の思想とエンジェルとは相容れないのではないかと思い当たった。儒教の精神はみんなが公平に苦楽を共にすることで、傑出した人材を受容しないと思われる。出る杭は打たれるであり、エンジェルはまさに出る杭だからである。このような社会環境を変革して出る杭を歓迎し、より高い杭を育てなければベンチャー起業が成功してエンジェルになる日は訪れない。

まえがき

　また産んだ子は最後まで面倒を見るという伝統もエンジェルを生み出す障害になっている。企業は株式公開（IPO）してエキジットできても創業者が個人的にエキジットすることは食い逃げや振り逃げと同様に扱われる。大型のIPOとして知られるある貿易商社の創業者にIPOできたのだからエンジェルになりませんかと持ち掛けた時、その起業家はそのことを筆者に告げたのである。アメリカでは会社をエキジット（エグジット：出口戦略）させれば創業者は個人として持っている株式を売却することには何の障害もなく、だれも反対しない。それどころか拍手で送りだしてくれる場合が多い。

　筆者が一緒に仕事をしたある起業家は個人的にエキジットして約60億円を手にし、The Worldという豪華客船の最上級の客室を購入したり、サンフランシスコ交響楽団に多額の寄付をしたりしてスポンサーになるなど、philanthropyにも力を入れた。エンジェルとしてもアントレプレナーに資金提供を積極的に行っている。彼の薫陶を受けた社員の多くは起業家として羽ばたいている。中にはインテルに比肩するほどの成功を収めた例もある。

　安倍政権は起業を支援し、経済の活性化につなげたい意向のようであるが、前述の伝統文化ははたしてそれを許すであろうか。政権内に起業やエンジェルに関する経験を持った人材があるとも思えないので、安倍首相の意向を実行できるかは極めて不透明といえよう。

　本書は筆者がつづったブログを元に編集したものであるが、このような状況の中、本書が果たす役割は極めて重要と認識する。

八幡惠介

CONTENTS ▶▶

まえがき ……………………………………… 3

第1章 エンジェルの精神　11

第1節　エンジェルとは何か
1. 日本におけるエンジェルの必要性 …………… 12
2. エンジェルと起業家の関係 ………………… 13
3. エンジェル社会への期待 …………………… 14
4. シリコンバレーの起業文化 ………………… 15
5. ベンチャー起業家と支援者 ………………… 15

第2節　エンジェル支援の実際
1. エンジェル支援の実際 ……………………… 19
2. ベンチャー投資とエンジェル ……………… 20
3. 投資を見極める基本 ………………………… 21
4. 貯蓄から投資へ ……………………………… 22
5. 投資の留意点 ………………………………… 23
6. ファンドへの参加 …………………………… 24
7. 資産の5％以内で …………………………… 25
8. 創業期ベンチャー企業の評価 ……………… 27

第3節　投資に対する基本的姿勢
1. 求められるエンジェル育成 ………………… 30
2. 投資契約書 …………………………………… 31
3. 投資詐欺に注意 ……………………………… 33
4. ベンチャー投資は寄付ではない …………… 35
5. エンジェルの心 ……………………………… 37
6. エンジェルの心は分かち合い ……………… 39
7. エンジェルはボランティアではない ……… 40
8. アメとムチ …………………………………… 42

第2章　ベンチャー起業の在り方　45

第1節　起業の準備
1. 今求められるベンチャー起業家 ………………… 46
2. 創業前の準備が大切 …………………………… 48
3. スタートは3Fの資金で ………………………… 49
4. 起業には熱い想いと強い動機が必要 ………… 51
5. 共同創業が理想 ………………………………… 52
6. 補助金・助成金は諸刃の剣 …………………… 53

第2節　ベンチャー起業の要件
1. 理にかなった起業の要件(5つの要件) ……… 55
2. 理にかなった起業の要件(内容) ……………… 56
3. JSOXの意義と課題 …………………………… 57
4. 資金不足の要因 ………………………………… 59
5. 起業か就職か …………………………………… 62
6. ベンチャー成功の機会 ………………………… 63

第3節　ベンチャー組織論
1. 安定にもリスクがある ………………………… 66
2. ベンチャー企業の経営チーム ………………… 67
3. プロ経営者を増やすシナリオ ………………… 68
4. 企業は人なり …………………………………… 69

第4節　ベンチャー起業に必要な精神
1. 起業に必要なDNAとは ……………………… 71
2. ベンチャー起業に必要な個の確立 …………… 72
3. 起業家精神のはき違え ………………………… 73
4. ベンチャーの成長段階と社長の資質 ………… 75

第5節　ベンチャー起業とリスク
1. リスクの取れない日本人 ……………………… 78
2. リスク感覚が問われる ………………………… 79
3. 逃げるのではなく回避する策を講じる ……… 81
4. 誤った武士道 …………………………………… 81

5. リスクテークの発想 ………………………… 82
　6. 成果主義とベンチャー ……………………… 84

第6節　ベンチャーとリーダーシップ
　1. リーダーに求められるもの ………………… 87
　2. リーダーシップと危機管理 ………………… 89
　3. リーダーの決断 ……………………………… 90

第7節　ベンチャー企業と競争
　1. 競争の原理は必要 …………………………… 92
　2. 打って出る市場はグローバル ……………… 93
　3. グローバルなプレーヤーをめざせ ………… 94
　4. ベンチャーは戦略で勝負 …………………… 96

第8節　マーケティングと事業計画
　1. マーケティング ……………………………… 99
　2. 事業計画 …………………………………… 101

第9節　ガバナンスとコンプライアンス
　1. 創造期企業のガバナンス　 ……………… 104
　2. 経営者に求められる倫理観 ……………… 105
　3. コンプライアンスの実践と監査 ………… 107

第10節　ベンチャー起業の出口
　1. 起業に見る出口(エグジット) …………… 110
　2. M&Aは有効な選択肢 …………………… 111

第11節　起業の周辺
　1. 五つの「かん」 …………………………… 115
　2. 情報過多の時代 …………………………… 116
　3. 急成長の落とし穴 ………………………… 118
　4. 悪いニュースこそ速く伝える …………… 120
　5. 撤退の意義 ………………………………… 122
　6. 撤退の勇気 ………………………………… 123

第3章　ベンチャーの社会的役割　125

第1節　ベンチャー社会への期待
　1. 出でよ、ベンチャー起業家 …………… 126
　2. トップに求められる人間力 …………… 127
　3. ブームに冷水を浴びせた2つの事件 ……… 128
　4. ベンチャー社会は来るのか …………… 130
　5. 大企業一色の社会に未来はない ………… 131
　6. 会社は誰のもの？ ……………………… 133
　7. 組織は社会のもの ……………………… 134
　8. 未公開企業への投資 …………………… 136
　9. 適格個人投資家を増やそう …………… 138

第2節　ベンチャー社会と文化
　1. 成功者に拍手を送る社会に …………… 139
　2. 文明の格差とビジネス ………………… 140
　3. 遺伝子のスイッチをオンに …………… 141
　4. ベンチャー文化と大企業文化 ………… 142
　5. ムラ社会意識からの脱却を …………… 144
　6. 外人アレルギーとベンチャースピリット … 146

第3節　ベンチャー社会を取り巻く状況
　1. 女性起業家の活躍に期待 ……………… 148
　2. 半導体ベンチャー起業の難しさ ……… 149
　3. あるベンチャー企業の話 ……………… 150
　4. 創業期ベンチャーに投資を …………… 151
　5. リスクマネーの行方 …………………… 152
　6. 挑戦心を呼び覚ませ …………………… 153
　7. 経営に必要な人間の心 ………………… 154
　8. 資本市場の変質 ………………………… 155
　9. 健全な投資活動を ……………………… 156
　10. ノーベル賞とベンチャービジネス ……… 157
　11. 少子化とベンチャー起業 ……………… 157
　12. 政府系助成金の活用 …………………… 160

13. 勇気を褒める文化 ……………………………… 161
14. 旭山動物園復活に見えるヒント ………… 162
15. 創造性と管理 ……………………………… 164
16. 若者への期待 ……………………………… 166

ベンチャー関連年表 ……………………………… 168

著者紹介 ……………………………………………… 175

第1章

エンジェルの精神

▶ 第1章　エンジェルの精神

第1節　エンジェルとは何か

1. 日本におけるエンジェル[*]の必要性

　ベンチャー起業を志す起業家は多くいますが、日本ではこれらの起業家を支援する仕組みに欠けています。そのためベンチャー起業のリスクや、資金調達など事業を計画する上で欠かすことのできない知識を持たないまま創業に走っている例が多く見られます。ベンチャーとは何か、ベンチャーを起こすにはどんな準備をすべきか、など身近に教えてくれる人がいないからでしょう。

　新たな会社をゼロから起業するとは一体どういうことなのか？　そのことを基礎から教育する場を充実させる必要があ

---

* エンジェル

創業間もないベンチャー企業にポケットマネーで資金を供給する富裕な個人のこと。米国では成功したベンチャー経営者などがエンジェルになるケースが多い。投資の見返りとして株式を受け取るので、ベンチャー企業が成功し、株式市場に新規上場(IPO)したり、大手企業に丸ごと買収(M&A)されると多額の利益を得られるが、一般にその可能性は極めて低い。

ります。大学によっては起業家コースを正課として取り入れているところも多くあり、社会人コースを便利なキャンパスで仕事の合間に取れるよう配慮している大学も少なくありません。八幡経営塾ではエンジェルと起業家の両方に対して実践的な研修プログラムを提供すべく、開発中です。(2006/07/10)

2. エンジェルと起業家の関係

　ベンチャー企業を支援するエンジェル活動はまさに支援であり、そこには上下関係は存在しません。メンター[*]とコーチも上位概念ではなく、同じ目線で相手から持っている能力を引き出す、自ら気づいて行動するよう仕向ける、といった手法を使います。エンジェルはメンターであり、コーチであるべきなのです。

　組織を構成する人たちが、それぞれ何をすればよいか、に気づいて自ら行動しなければ組織は機能しないでしょう。エンジェルは経験者であり、人生の先輩、あるいは仕事の先輩である場合も少なくありません。そのような立場にあるエンジェルが、つい教育めいた言動をとることはままあることですが、それは起業家を萎縮させたり、エンジェルの支援に対して消極的な態度を取ったりするもととなる恐れがあります。

　もともとベンチャーは起業家が持っているシーズ(事業の元

** メンター
仕事や人生におけるアドバイザー・助言者・指導者といえる存在。経営者に対しても高い見識を持って、問題点があれば率直に言える立場にある人。

となる種)を事業化するわけですから、上位概念を含む教育が通用するわけはありません。起業家は教育されたいと思っていないでしょうし、教育によって事業が成功するはずもありません。

起業家とエンジェルの支援関係はエンジェルの一方的な押し付けは禁物で、あくまでも起業家が「この人に支援してほしい」という気持ちを持つことが基本です。エンジェルの支援内容は、社外取締役、監査役、アドバイザーのいずれかの形をとることが望ましく、支援関係を結ぶ際にはそれを文書で明記することが必要です。

口頭のみで何となく始まった支援はその場限りとなることが多く、永続的な関係は役割と支援頻度の明記、報酬の定義を含む契約書を締結することが原則です。(2006/07/10)

3. エンジェル社会への期待

日本をこのようなエンジェルを生み出す社会に変えるには何十年、何百年かかるかもしれません。アメリカのエンジェルは文化の一部だからです。個人投資家を動機付けるには、投資に必要な専門知識を持った別のエンジェルとチームを組み、信頼関係を樹立する必要があります。

投資できる資産は持たなくとも専門知識を持つ人が、時間と努力による汗を流すのは、資金を出資することと変わりありません。資金と経験や人脈などの経営資産は同等だからです。起業家もこのことに気づくべきですが、まずはエンジェルがこのことをしっかり認識すべきです。そしてこのチームが信頼しあって投資対象を選び、個人資産と汗を流すことによ

って支援し、成功率を高めることがベンチャー社会の活性化につながるでしょう。(2008/12/19)

4. シリコンバレーの起業文化

シリコンバレーでは、ベンチャーを志す人たちが創業前のコンセプト検証を友達同士、あるいはエンジェル相手に行っていたのでしょう。後で聞いたところによると、彼らは思いついたことがビジネスになるかどうかをアフターファイブの時間に企業を離れて友人として相談に乗ってくれるエンジェルと、カクテルやビールを飲み、コースターの裏にビジネスアイデアをスケッチするなどしながら、真剣な会話を交わしているそうです。その結果ビジネスになりそうでなければあきらめ、再び新しいビジネスの種を探すのです。

こうしたシリコンバレーの起業家文化ともいうべき光景が日本で見られるようになるためには、メンターやコーチが起業以前の段階で支援できる環境を提供できる社会を実現しなければなりません。起業を志す人たちは起業の準備がいかに大切であるかを知って、エンジェルのメンタリングを受け、十分な準備の上で起業するよう心掛けてほしいものです。(2006/07/10)

5. ベンチャー起業家と支援者

過去の栄光に生きようとするシニアたちには尊敬は集まってもあまり顧みられず、特に若者からはむしろ疎んぜられかねません。

▶第1章　エンジェルの精神

　過去の栄光とは組織論であり、デミング賞[*]であり、ISO[**]基準です。それらは戦後の仕組みの中で国際社会に大きな貢献をなしました。しかし同時にそれらは固定観念にとらわれ、これでないとだめだ、という強迫観念にも似たものを人々に植え付けます。また、それさえ学び、実行すればマネジャーとして通用し、経営者としても賞賛されました。しかし、21世紀に

---

* デミング賞

デミング賞（Deming Prize）は、TQM（総合品質管理）の進歩に功績のあった民間の団体および個人に授与されている経営学の賞。日本科学技術連盟により運営されるデミング賞委員会が選考を行っている。アメリカの品質管理の専門家である統計学者W・エドワーズ・デミング博士からの印税の寄付を契機として、デミング博士の業績を記念して1951年に創設されたTQM（総合的品質管理）に関する世界最高ランクの賞。
委員会の会長には経済団体連合会の会長が就任している。
（Wikipediaより）

** 国際標準化機構

国際標準化機構（こくさいひょうじゅんかきこう、英: International Organization for Standardization）、略称ISO（アイエスオー、イソ、アイソ）は、各国の国家標準化団体で構成される非政府組織である。
スイス・ジュネーヴに本部を置く、スイス民法による非営利法人である。1947年2月23日に設立された。国際的な標準である国際規格（IS: international standard）を策定している。（Wikipediaより）

入って急激な変化が起こり、固定ではなく、融通がまかり通り、組織もトップダウンよりもボトムアップ、いうなれば上意下達でなく、下克上の組織が活力を持つようになりました。一人のリーダーの元に統率された集団ではなく、小集団にそれぞれの役割に応じたリーダーがいる、という組織運営が若者たちを動かしています。

　旧い観念を持ち、かつての教育を受けた企業OB達の中にはそのような考えについて行けない人もいるかもしれません。しかし変化は否応なく誰の周辺にも起こっています。社会から取り残されるのではなく、自ら積極的に新しい考えを取り入れる年配者たちは若者にも歓迎され、交流もできます。決して迎合するのではなく、柔軟な頭を持つことです。いわば左脳的な考えに右脳的考えをより多く取り入れるということです。

　残念ながら1980年代に世界に冠たる良質の大量生産システムを打ち立てた日本ではシステムの切り替えが遅れ、ガラパゴス状態となっていることは否めません。過去のシステムの中にも捨ててはならないものも多くあります。例えば、トヨタの看板方式は一世を風靡した過去のシステムですが、決して固定化されたものではなく、むしろ柔軟性をいち早く取り入れた現代的システムだったと言えるでしょう。デミング賞の欠点はこれでなければだめだという固定観念にあり、品質管理そのものは重要な経営のツールです。しかし管理の仕方は一つではなく、柔軟に考えて構わないはずです。ISOも目的そのものが間違っているわけではなく、膨大な規制と規則で縛るところが固定観念につながるのです。品質管理にしてもISO標準にしてもこれが正しいやり方だ、と決めつけるのではなく、いろいろなやり方を試行して最も良い結果を生む方式を探せ

ばよいのではないでしょうか。

　ベンチャー起業においても目標に向けてまっしぐらに進む方式は過去のものとなり、試行錯誤を繰り返し、少しずつ目標に近づく方式が多く取られます。その方が最終的なコストが少なくて済むことがいろいろな実験でわかってきたそうです。試した結果が悪ければ、傷口が広がる前にやり方を変えて、他の道を探すのです。大きく試して失敗するとそれだけ失敗のコストが上がります。これしかない、という固定観念を持ってはいけない、ということでしょう。失敗は必ずあることを認めればよいのです。(2012/08/18)

第2節 エンジェル支援の実際

1. エンジェル支援の実際

　エンジェル支援はどのようにして行うのでしょうか。八幡経営塾では支援する立場のエンジェルが遵守する行動規範を掲げています。支援する起業家はできるだけ創業前に相談に来てほしいと願っています。支援する起業家に守ってほしい行動規範も掲げており、創業時から最低のガバナンスを持ってもらおうという強い信念を示しています。このことが株式公開を果たすにあたって役立つことを知っているからです。

　しかし、支援はエンジェルの一方的な思いだけでは成立しません。起業家がこの人に支援してもらいたい、との思いを持たなければ相対の支援契約は成立しません。当初支援契約が成立しても後日それを解消したい、してほしい、という事態になることも珍しくありません。支援の形は社外取締役、監査役、あるいはマーケティング、会計経理、ファイナンスなどのアドバイザーと幅広く、支援に費やす時間も毎月半日程度から、週に1日といった程度で、事業の執行にかかわることはありません。

　創業期のベンチャー企業が事業に成功する確率は平均する

と数％にしかなりません。エンジェル支援はこの確率を少しでも高めるためのものですが、せいぜい2倍か3倍しか期待できないでしょう。したがって、エンジェルは1社のベンチャー企業にすべてのリソースを注いではならないのです。最低でも5社、できればいろいろな形で10社以上を支援することで、成功の機会を増やすことが望ましいのです。そのためには支援に使える時間をうまく配分し、複数の企業を支援するための仕組みを考えなければなりません。分散と集中が時間を有効に使うコツといえるでしょう。自分が得意でない市場や技術を対象にすると効率は低くなるのは当然です。得意な対象だけに絞ると利害が対立することがあります。そのバランスと頭の切り替えが求められるのです。(2006/03/26)

2. ベンチャー投資とエンジェル

ベンチャー投資の対象は未公開株であり、投資判断に高い専門性を必要とすることから、適格投資家の定義を明確にする必要があります。未公開株式への投資はきわめてリスクが高く、特にエンジェル投資の必要な創業期においては、対象の企業が成功して果実を結ぶ確率は千三つ(せんみつ＝1000のうちの3、極めて可能性が低いこと)とさえ言われます。

アメリカの証券取引委員会(SEC)は適格個人投資家を定義するのに、「未公開株式投資の経験があること、投資額が純資産の5％以下、または年収の20％以下であること、投資する資金は当面使う意図がないこと、投資対象の株式は流通性がないことを確認する」などを挙げています。日本の金融商品取引法(金商法)では適格投資家を法人のみ定義し、個人が直接投

資することは想定していません。今後、個人投資家を保護する規制を確立する論議が起こるものと期待します。

　SECの規制には書いてありませんが、このような投資がアメリカでは当たり前に行われ、その総額は機関投資家であるベンチャーキャピタルの未公開株式投資に比肩するほどです。千に三つの成功率ということは、算術的には334件に投資すると、そのうち1件が成功し、運がよければ投資総額を上回る投資回収ができる、ということです。それでもアメリカではエンジェル投資が行われているのは、起業経験者が成功を自分だけのものと考えず、次世代の起業家と夢を共有したい、との思いと情熱を持っているからでしょう。(2008/12/19)

3. 投資を見極める基本

　未公開株式は以下のパターンに大別できます。

（1）公開を目論んでいる
（2）公開する意図がない
（3）公開を目論んだが失敗した

　(1)の場合は発行会社のビジネスモデル、ビジネスプラン、それに資本政策を多面的に評価し、直近の財務諸表とつき合わせることにより、その目論見が実現しそうかを判断することができます。(2)は事業が高収益であり、魅力的な配当があれば投資対象となるでしょう。(3)のケースは失敗から何を学んだか、そして再生が可能な状況であることを、投資家に納得してもらえなければ、投資の対象にはなりえません。これらのど

の場合も未経験者が投資判断すべきではありません。

　資産を増やしたい、という希望は誰にもあるもので、それにつけこむあくどい商法も後を絶ちません。増やすつもりが悪徳商法に引っかかって元も子もなくしてしまう、というケースも多く見られます。長い間貯蓄に慣れた人がいきなり投資に入るのは危険を伴いますが、適切な助言の下に行えば、投資にもリスクの比較的少ない方法もあり、未経験者は先ず金融機関の投資相談窓口を叩くべきです。その一方で、投資に伴うリスクを理解し、余裕資金ができたら、リスクの高い投資を試してみることもお勧めです。それにはリスクの対極にあるリターンがリスクに釣り合っているかを判断する材料が開示されているか、を見極めなくてはなりません。リスクが理解できなければ、その投資には手を出すべきではありません。(2010/04/24)

4. 貯蓄から投資へ

　日本はまだ「貯蓄から投資へ」の旗を降ろしたとはいえませんが、そこには投資を正確に理解しない資産家の不安な投資行動の懸念も残っています。特に未公開企業への投資が専門知識を必要とする、との理解が必ずしも得られていないという実情があります。

　すなわち投資には戦略が必要であり、ただ銀行に貯蓄しておくのとはわけが違います。それを知らないでお上の「貯蓄から投資へ」のかけ声に踊らされて、詐欺まがいの投資話にうっかり乗る例が後を絶たないのは、あながち投資家を責められるものではありません。「貯蓄から投資へ」と行政の方針を変

更したお上に説明責任を求めるのは当然ではないでしょうか。一方、アメリカが「投資から貯蓄へ」と、大きく舵を切ったのは国の政策ではなく、民間の知恵だとしたら、はたして日本の行政の舵取りは正しいのでしょうか。歴史が証明する、というのはいささか安易に過ぎるように思います。(2008/10/05)

5. 投資の留意点

　もともと「融資は受け手が返済の義務を負っており、投資は出し手が回収の責任を負う」という原則があるにもかかわらず、日本では投資も資金を預ける感覚で出資しているのが実情です。投資先の吟味を十分にしない資金提供は博打以外の何ものでもなく、それは出資先が不動産であろうが、有価証券であろうが同じです。すなわち、不動産の生み出す価値がキャピタルゲイン[*]なのか、賃貸収入なのかを十分に理解しないで投資するのは、株式を発行する会社の事業形態や財務状況を十分に吟味し、投資の効果がキャピタルゲインで回収に結びつくのか、高配当を継続できるのかを確認しないで投資するのと同じといえます。

　未公開企業はよほど優れたビジネスモデルで、高収益を上げ、十分に高い配当を継続でき、株式発行会社に十分な資金力をつけられる場合を除いては、株式公開によるキャピタルゲ

＊ キャピタルゲイン

株式や不動産を売却した時に得られる売却益のこと。安いときに買って、値上がりしたときに売れば利益を得られる。逆に損をした場合はキャピタルロスとなる。

イン、または十分に高い倍率で買収が成立するか、でなければ投下資金は回収できません。それを実現できるか否かを、出資時点で見極めることは不可能です。投資先の技術、市場、競合状況などを、専門知識を持って目利きできたとしても、IPO[*]までに至る道でのリスクは計り知れないものがあり、その投資には大きなリスクを伴います。成功は確率の問題です。したがって、ルーレットと同様、未公開株式投資には分散によるリスクヘッジが欠かせないといえます。(2008/10/03)

6. ファンドへの参加

　長い間、貯蓄志向の財産形成に慣れ親しんできた日本人が、さしたる教育と経験もなく、いきなり投資志向に変わることには、大きな危険が潜んでいます。もともと株式投資は商品を買うのと異なり、投資資金は企業の事業に使われるので、事業の内容と企業の競争力、経営陣のガバナンスなどを確かめた上で、投資決断をすべきものです。公開企業の場合、企業はこれらの情報の開示義務を負っており、ウェブサイトなどに掲載公開しなければなりません。投資家はこれらの情報を分析

---

* IPO

Initial Public Offeringの略で、未上場企業が新規に株式を証券取引所に上場(公開)すること。株式公開とも言われる。これにより、一般の投資家がその企業の株式を、証券会社を通じて購入することができる。創業経営者や株式を持つエンジェルにとってはこれにより、投資資金を大幅に上回る多額の資金が得られることから、これが一つのゴールとも言える。

した上で、投資判断するのが建前といえます。そういった手続きがわずらわしい、リスク分散のためにポートフォリオを組むには資金量が少ない、といった投資家の取るべき道はファンドへの参加です。

　未公開株式投資専門のファンドと、公開株式への投資を目的とするファンドがあり、前者は有限責任組合を設立する場合が多く、後者は商品として銀行や証券会社の窓口で販売されています。販売員はファンドの過去の成績、税務上の扱い、投資スタンス、組み込み銘柄など、各ファンドの説明を丁寧にしてくれるはずです。また、定期的な報告により、銘柄別の分析、他の指数（ダウ工業株平均、日経平均など）との比較を開示します。投資家はこれを見て株式投資とはどのようなものかを知って、知識を蓄積することができます。（2007/04/03）

7. 資産の5％以内で

　電話やファックスで「近く公開する未公開企業の株を買いませんか」という誘いがあります。こうした勧誘に安易に応じるのは危険です。エンジェルは企業の価値に対して支援の意味で投資するのであり、株式を買うという感覚ではないはずです。もともと株式投資は対象企業の価値を見極め、企業としての収益性と安定性から期待できる配当を期待し、いつでも換金できる流動性を前提として行うものです。

　ベンチャー企業の場合は安定性よりは事業の成長性から時価総額の値上がりを期待して投資します。エンジェル投資はそのいずれでもなく、リスクとリターンのバランスを期待して行います。リターンが得られる確率は企業の成長段階によ

って大きく左右され、それによってリターンの倍率も異なります。シーズ[*]の段階ではいわゆる千三つで、創業時でも数％、売り上げが立ち始めたころになっても20％程度と見てよいでしょう。

このようなエンジェル投資はどのようなスタンスで行えばよいのでしょう。アメリカでは証券取引委員会（SEC）が指針を出しています。それは未公開株式投資が資産の5％以内、年収の20％以内、未公開株式購入の経験の有無、開示内容の理解度、の確認が行われることです。また、未公開株式には流通市場が存在しないことの認識も問われます。株式の発行会社は投資家に対し、これらの確認条項を盛り込んだ株式譲渡契約を締結することが求められます。日本は未公開株式の取引に対する規制が明確に存在していないのが実情です。

ましてや株式公開間近であること、値上がりが期待できること、希少価値が高いこと、などをうたい文句にしてはなりません。エンジェル投資の怖さを実感するのは投資した企業が資金難に陥って倒産し、残余財産がなくて資金回収ができなかったときです。私は覚悟の上の投資とはいえ、20件あまりの投資のうち2件が実質的に回収不能、1件が投資金額の3割程度の回収で終わっています。最初の投資から16年近くになりま

＊ シーズ（シード＝seed）

ベンチャー企業にはその成長段階によって、種を意味するシーズ（seeds）から、創業から間もない段階のアーリー（early）、そしてある程度成長したミドル（middle）、さらに成長したレイター（later）といった分類がされる。ミドルの段階をグロース（growth）と呼ぶなど、人によって呼び方は異なることもある。

すが、まだ株式公開したところはありません。それらの案件はいずれも投資を決めた時点では魅力的に見え、起業家も信頼でき、他にも投資家がいたのです。

　それではなぜ怖いエンジェル投資を続けるのでしょう。それは自分が起業し、出口（エグジット）[**]を経験してその大変さを知っており、果敢に起業に挑戦する後輩経営者の意気に感じるからです。自分が起業したときにも多くの人に支えられたいという思いもあるから、といえるでしょう。何にもましてエンジェル魂を搔き立てるのは起業家の夢を共有できることです。まだ実感はしていませんが、成功して株式公開にこぎ付けた時の喜びを、起業家とともに味わうことができたら、どんなにかうれしいでしょう。その日を夢見ているからエンジェルであり続けられるのです。そして自分の持つ資源（資金、時間、頭脳）のうち余裕部分を使っていることの気楽さも大きな要素です。エンジェルは起業家と違って背水の陣をしいた悲壮感を持ってはできないのです。(2006/04/06)

8. 創業期ベンチャー企業の評価

　創業期のベンチャー企業の評価は不確定要素が多く、極め

** 出口（exit エグジット）
ベンチャー企業がIPO（新規株式公開）をしたり、大企業に買収されたりすることで、投資した資金が回収できることから、これをエグジット（exit＝出口）と呼ぶ。

て困難であり、ほとんど不可能といってよいのが実情です。エンジェルはこの時期に資金と汗で支援することを決めるのですから、リスクが大きいと考えざるを得ません。エンジェルが起業と出口の経験を持っていれば直感的な判断も働かせますが、シーズの実現性、潜在市場の顕在化の可能性、競合の出現など予測することが不可能な要因については博打に似たところがあるといってもよいでしょう。このような状況で、起業経験を持たない日本型エンジェルはどうやって支援の是非を決めればよいのでしょう。企業は人から、といいますが、創業期の評価はまさにそれが当てはまります。しかし、人の評価ほど難しいことはありません。「馬には乗ってみよ、人には添ってみよ」ということわざのとおり、人は付き合ってみるのが最善の評価の道です。会議や打ち合わせではわからない面が飲食や遊びの局面で見えてくることも珍しくありません。

　エンジェルを頼ってくる人が支援を急いでいる場合に最も困るのは評価に時間をかけられないことです。そのような場合に欠かしてはならないのが、なぜ時間がなくなるまで頼ってこなかったか、を問いただすことです。それが計画性のなさ、問題の放置、誤った判断、などに起因しているならば、将来同じ誤りを冒す可能性は高いと見なければなりません。資金が底をついたから至急融通してほしい、というのはキャッシュフロー管理ができていないからです。底をつくことがわかっていたのに放置しておいたという起業家は経営の資質に欠けると見るべきであり、八方手を尽くしたが資金手当てができなかった、という場合は事業に魅力がない、と見てよいでしょう。

　ベンチャーの起業に際してもっとも必要なことは、シーズの

第2節　エンジェル支援の実際

実現性、市場の存在、顧客の評価、競合の調査を事前に調査し、事業計画に織り込むことです。起業家は自分の実力を認識し、事業計画に自信を持って説明しなければなりません。この段階では機関投資家ではなくエンジェル投資家を対象にするので、説明はわかりやすく、リスクをはっきり開示することが重要です。エンジェル投資家の立場から言えば、事業計画が絵に描いた餅ではないか、計画書作成のマニュアルやテンプレートを用いた見かけ倒しでないか、調査結果を検証する手段の有無などを問いただし、計画の魅力だけに欺かれないことです。

　未公開企業の評価に使われる手法は類似業種との比較、DCF法[*]などがありますが、それらは創業期では使い物になりません。売り上げ、損益の見込みがある程度立ってはじめてこれらの手法が当てはまるからです。リスクを冒し、果敢に挑戦する意気に感じて支援する場合、創業者よりも高い株価で買ってほしい、という創業者の希望は無理とはいえません。事業計画が市場や、顧客の裏づけを検証でき、創業者の実力と実績からシーズの実現性が高い場合はその度合いに応じて2-5倍の株価を要求しても当然でしょう。しかし、投資家としてこの時期の投資はリターンの期待値が数％であることを覚悟しなければなりません。(2006/04/02)

＊ DCF法

収益資産の価値を評価する方法の1つ。具体的には、株式や不動産その他多様な投資プロジェクトの価値を算出する場合に用いられる。Discounted Cash Flow法の略。(Wikipediaより)

▶ 第1章 エンジェルの精神

第3節　投資に対する基本的姿勢

1. 求められるエンジェル育成

　アメリカのエンジェルは起業の経験を持ち、M&Aまたは IPO（株式公開）の経験を持つベテランですから、自分の経験から起業家を目利きできます。それでも目利きを誤る方が当たるより多いといわれます。すなわち、創業期に企業が成功するかどうかを予測することはきわめて難しい、ということに尽きます。事業が成長して、ある程度リスクが減少したところでベンチャーキャピタルが資金調達に応じるのはそのせいです。

　さて、日本にはエンジェルはほとんどいないので、創業期の起業家の資金調達は困難を極めます。エンジェル資金に代わるのは政府や自治体の助成金の類です。国や自治体が創業を支援する目的で予算をつけているのですが、申請案件を審査するのは専門家ではなく、委託されたコンサルタント、教育関係者などで、多くの場合案件ごとの専門性はないと見られます。したがって、助成金が取れたから成功率が高い、との判断には結びつきません。もともと、投資そのものが、投資家個人の判断によって行われる性格のものですから、他人の判断を基準にすることは決してしてはならないのです。自分に判断

が付かなければ、投資しない、というのが原則です。

　未公開企業に投資する個人(エンジェル)は投資先の事業に精通し、事業家とも面接してあらゆる情報に基づいて、総合的に判断します。魅力的な技術が成功するという保証はありませんし、人柄のよい経営者が成功するわけでもないのです。すべては運と市場が決めることです。賢いエンジェルは投資先を1社ではなく、20社以上に分散します。投資と同時に支援も行うので、一度にあまり多くの投資先を抱えると、目が届かなくなりますが、フルタイムのエンジェルは10社程度をハンズオン[1]で支援します。個人投資家がエンジェルのレベルの知識を持つためには、経験だけでなく、エンジェル研修のような教育を受ける必要があるのではないかと思います。(2008/08/13)

2. 投資契約書

　未公開段階の企業に対する投資が、公開株式を購入するのと決定的に違うのは株式公開を達成するまでは譲渡先を自分で見つけない限り株を売ることができない点です。企業の側も勝手に株を売買されると困るので、譲渡制限を付けるのが普通です。公開を目指す企業の場合、その目標期限を設定して、

＊ ハンズオン

単に資金を出すだけでなく、投資先企業が成長し、株式上場するためのさまざまな支援をすること。経営課題を解決するために相談に乗り、アイディアを出したり、人材を紹介するなど、あらゆる支援を行う。そのためには、十分な経営ノウハウの知識や経験が必要である。

▶ 第1章　エンジェルの精神

　その目標に向かって最善の努力をすることを経営者に求めるのも普通です。株式にこのような制限を付与し、経営努力とともに投資契約書に盛り込んで投資条件に入れることはアメリカでは当然のことですが、日本ではまだ慣行として定着していません。投資専門会社にはその書式があって、個別に企業と契約しますが、エンジェルは個人なのでそこまで手が回らないのが実情です。エンジェル団体がエンジェル投資を広めるために誰にでも使える書式を提供することが望まれます。

　投資契約書を結ぶほか、事業計画と資本政策を精査することが重要ですが、創業時あるいは創業間もない企業の事業計画は不十分な場合が多いので、ここから支援しないと資金提供できない場合も往々にしてあり、ほとんどの場合事業計画の作り直しを必要とするのが実情です。事業計画は経営の実態を開示するとともに市場と競合についての調査結果が示されていないとリスクの評価ができません。事業内容で最も重要なのはいかにして利益を上げるか、というビジネスモデルです。ビジネスモデルを作り上げるために必要な投資が、将来にわたっていくら必要なのかをあらかじめ投資家に示すことは、資金を集める側の責任です。必要になった都度何回も資金調達するのは、投資家を欺くやり方と言っても過言ではありません。初期の投資家にとってはリスクが大きいので、将来図が示されないとリスク評価ができないからです。

　資金の使途が何であるかも重大な関心事です。これらのことは資本政策の一部であり、エンジェルが作成の支援をすることが必要な場合もありますが、それには将来にわたった事業の予測がなされなければなりません。創業期の予測は当たらなくて当たり前、と言ってもよいのですが、それを基にする

ほかないので、航海の針路を船長が海図に書き込むように、創業者には未来を指し示す責任があります。

こういった一連の企業評価をした上で投資を決定することが望ましいのですが、未公開企業では多くの場合、技術と製品のよさに目を取られ、精緻な評価をしないで投資してしまうことがあるのは、どうせ当たらない事業計画だから見ても意味がない、と思いがちだからでしょう。しかし、まったく当て外れの計画を示す経営者は、将来もずさんな経営しかできないかもしれません。実績を計画と対比してずれを説明する責任が企業にはあります。その意味からも事業計画を開示してもらうことが必要なのです。ある程度実績の上がり始めた企業の場合は過去の計画と実績の対比も見ておくことが参考になります。

このように必要な開示事項を投資家に提供できる起業家はガバナンスが守れているといえます。未公開企業の場合は特にガバナンスを重視することが必要です。(2008/08/13)

3. 投資詐欺に注意

以前のニュースに、未公開株をあたかも株式公開が近く、公開されれば株価が数倍になると偽の情報を使ってある有力製薬会社の未公開株式を100万円程売ったケースがありました。新聞記事によれば、同じ手口でこれまでに十数億円を騙し取ったと出ていました。この手の詐欺はこれまでにもあり、今後も後を絶たないと思われますが、被害者はなぜこのような手口に簡単に騙されるのでしょうか。

その原因はいくつか考えられますが、ひとつは株式を商品

のように考える風潮です。株式は買えば値上がりするもの、との誤った考えは意外に多くの人が持っているようです。騙す側は当然この株は買っておくと値上がりする、と言うでしょう。株式は会社の価値の一部です。会社が発行する株式は一株一株が会社の価値を示しています。株を買う、ということはその発行会社を買うということと同じです。誰でも商品を買うときは商品の価値を認めるから代金を支払うのです。会社の価値はその会社が販売する商品の技術力、販売力、経営陣の戦略、会社の将来性などで決まり、公開会社は株式市場がこれを評価して株価が決まっています。今後株価が上がるか下がるかは会社が公開する情報から推測することができますが、確実ではありません。

　一方未公開会社ではその評価は未定で、株式市場は株式に価値を付けていません。従って株を買う人が自分の責任で会社を評価した上で株に価値を認めるほかありません。未公開株式に投資して儲かる例は極めて稀です。会社が株を公開するかどうかはその会社の経営陣に問い合わせるしかありません。第3者が知りうる機会はほとんどありません。

　もうひとつはかつてのNTTの例に見るように株式公開が決定し、公開の日取りまで決定した例を覚えていて、同様のことがよく起こると勘違いして手を出してしまうケースです。実際証券会社が株式公開を決定した未公開株を売り出すことはあり得ることです。その場合は公開のプロセスが開示され、誰にも同じ情報が提供されます。うまい話というのはなんとなく秘密っぽく聞こえ、自分だけが得をするような気になりますが、そのような話は胡散臭いと思わなければなりません。未公開株は売り買いできないのが原則で、出回っている未公開

株は危険なもの、と思うべきです。

　発行側も未公開株には譲渡制限を付け、株主の同意が得られれば株券不発行の手続きを採ったほうが安全です。ベンチャー社会の健全な発達のためには今回のような詐欺事件によってベンチャーのイメージを損なわないよう十分な配慮が必要です。未発達のうちに悪いイメージが定着すれば正しい手続きで資金調達する会社にまで疑いの目が向けられかねません。不正な手段を使った詐欺まがいの売買による資金調達は法に照らして罰せられるべきですが、資金を提供する側も健全な投資判断ができる適格投資家のみが調達に応じることが必要です。

　経験のない人は未公開株式の売買には関わるべきではありません。自分で投資対象を評価できる目利きが必要なのです。専門家が投資を決定しても右へならえで一緒に投資するのも賛成できません。専門家といえども未公開投資は成功の確率がせいぜい2-3割程度です。右へならえされた専門家は決して責任を取ってはくれません。もともと株式投資はすべて自己判断であることは明白です。(2006/05/09)

4. ベンチャー投資は寄付ではない

　平成20年度エンジェル税制で、ベンチャー投資が寄付と認められそうです。ベンチャー投資は確かに寄付と同様戻って来ない、といえるかもしれません。しかし、寄付とベンチャー投資には根本的な相違点があります。立法府は類似点のみ挙げて十把ひとからげにしましたが、相違点は、寄付は対価を求めないがベンチャー投資は原則リターンを求める、という点

▶ 第1章 エンジェルの精神

です。結果としてはこの原則は成り立たず、戻ってくるのはごく一部ですが、寄付は営利行為ではなく、ベンチャー投資は営利行為である点で基本的に違うのです。

　日本では寄付は喜捨ともいわれ、通常「はした金」を出します。神社仏閣での賽銭はその典型と言えましょう。新約聖書の中に次のような記述があります。貧しい寡婦が銅貨2枚を神殿の賽銭箱に入れました。それを見たイエスが弟子たちに、「この女は誰よりも多くを奉げた。なぜなら、他の者たちは有り余る中から奉げたが、この女は一日分の食費をすべてささげたからである。」と教えたとあります。これが寄付の心ではないでしょうか。すなわち、身を削ってでも寄付することが尊いのです。

　お金による寄付だけではありません。ボランティア活動も寄付と同じではないでしょうか。暇があるからボランティアでもしようか、というのは余ったお金を寄付するのと同じです。時間を切り詰めてでも他の人のために汗を流す、というのが本当のボランティア精神でしょう。

　必要としている人がいれば、自分が必要としているお金を節約してでも寄付する、というのが本当の寄付の心ではないでしょうか。国際ロータリーでは「超我の奉仕」がその基本的精神である、といわれます。「超我」とは「自分がしてもらいたいと思っていることを、他人からしてもらう前に他人に対してする」、ということと解釈できます。すなわち、自分が満たされてから他人を助けるのではなく、先ず他人を助けるのです。

　世界には助けを必要とする人たちが溢れています。戦争による被害者、貧困にあえぐ人たち、災害の被害者、旱魃に苦しむ人たち、など数え上げればきりがないでしょう。一方、日本

は飽食の時代といわれ、有り余る食料と物で溢れています。国際赤十字やユニセフが呼びかけて寄付を募っており、それに応える人も少なくありません。しかし、自分たちは満たされているのです。1日分の食費を奉げた寡婦とは比べ物になりません。その意味で、海外でボランティア活動する若者の数が増えている、というのは喜ぶべきことでしょう。彼らはそれを必要としている人たちがいるから、自らを顧みずに活動していると思われるからです。

　このような比較をすると、寄付とベンチャー投資が等しく扱われるのはおかしい、と感じる人が多いと思います。寄付が正当に扱われていないと同様に、ベンチャー投資も誤解されているのではないでしょうか。ともあれ、寄付の範囲が拡大され、ベンチャー投資の減税範囲が拡大されるのはご同慶の至りです。(2008/04/26)

5. エンジェルの心

　ビジネスに成功した人がエンジェルとして創業期の起業家を支援しようという気になるのはなぜでしょうか。それは感謝の心からだといわれます。ビジネスに成功して慢心する起業家はこのような心を持たないでしょう。成功は自分ひとりの力ではなく、すべてのステークホルダーズのお陰だ、と思う経営者はエンジェルの心を持ち合わせています。成功の果実を自分だけのものとせず、これを使って新しく起業する人たちを援けようと考えるからエンジェル活動に入るのです。

　八幡経営塾は日本型のエンジェルを目指して勉強を続け、体を資本として起業家を支援しようとしています。それはキャ

リアで培った経験、洞察力、技術や市場の知見など経営に欠かすことのできない要件を、それを持たない起業家に提供して支援したい、との思いからだと思われます。勉強しなければならないのはそれらの要件のどの部分が創業期の企業経営に役立つか、ベンチャーと既存企業の違いはどこにあるのか、といった点にあります。また、組織としてではなく、個人としてエンジェル活動をするためには自分に何が欠けているのを知ることも大切なことです。

　既存企業での経験は組織の中での経験です。多くのサラリーマンはでき上がった組織に配属され、組織の力を最大限に使って効率を重視した仕事をしてきました。創業期にはそのような組織はありませんし、起業家は多くの場合一人で会社を始めます。起業する人は何がビジネスのシーズか、それを事業化するためのリソースはどのようなものが必要か、そのリソースを使って事業を行い、収益を上げるためのシステムは？といった要件をまとめた事業計画を自分ひとりで作成しなければなりません。それは他人にできることではなく、起業家だけにしかできないことです。起業する人たちでこのことに気づいていない人も多くいます。八幡経営塾ではこれらの人たちにコーチングによってその必要性を気づいてもらおうと努力しています。

　事業計画を作成できた起業家に対してはそれが他人に理解され、賛同が得られるか、ワクワクするような夢があり、ドキドキさせられるリスクが散りばめられているか、など資金を出してもよいと思わせる内容になっているかをチェックし、必要な助言を行います。そして資金調達に必要な資本政策の策定を手伝います。これらのコーチングや助言は既存企業の経

験からは生まれてくることはほとんど期待できません。日本の企業では稟議制が採用されており、新規事業は予算の中で行われるので発案者が資金の心配をすることは稀にしかないでしょう。上述した事業計画は稟議書の内容に似ているのでその経験はある程度役立ちますが、リスク評価はこれまでの成長型経済の中ではあまり真剣には考えられていなかったのが実情でしょう。資本政策を作成したり見たりしたことのあるサラリーマンは皆無といってよいのではないでしょうか。

　エンジェルの心を持ったとしてもこのように起業の相談にすぐに乗れる人は少ないのが日本の現状と言えます。そこで八幡経営塾ではエンジェルとしての識見を学習できる研修プログラムを用意しています。その内容は起業にも役立つものですから、エンジェルと起業家のための研修プログラムと呼んでいます。日本型のエンジェルには創業前後に必要な助言ができることとコーチングによって気づかせる手法を使えることが求められ、かつエンジェルの心を持っていることが条件となります。エンジェルは上司や先生の立場ではなく、起業家と同じ視点に立って考えるという立場をとることも忘れてはなりません。(2006/05/22)

6. エンジェルの心は分かち合い

　八幡経営塾では設立以来日本型エンジェルの像を追求してきましたが、その結果、起業家と自分が持っている知見、人脈、経験、資産などを分かち合うことが役立つ、と腑に落ちてきました。それぞれのエンジェルが持っている知的、物的資産は異なりますが、共通するのはベンチャーに対する情熱と自分の

持つ資産のうちから、起業家と自分にとってもっとも価値の高い部分を分かち合う、という点では共通しているといえるでしょう。日本では近来急速に社会インフラが整い、人の生活に余裕ができてきました。物質的には他人と分かち合う条件が成立しているはずですが、それが余り広がらないのはなぜでしょうか。

　草の根レベルでみれば、たくさんの分かち合いのタネが芽を出し始めているようです。その人たちは過去に苦しい経験をしていることがひとつの共通項のようです。現在苦しい環境にある人たちのことが理解できるから、自分の持っているものを分かち合おう、という気持ちにつながるのでしょう。自分が苦しいときに他人に助けられた、あるいは反対に誰も助けてくれなかった、という正反対の経験がどのように現在の心境に影響しているかは、人さまざまでしょう。

　誰も助けてくれなかったから、自分は助けたい、という反面教師の立場と、誰も手を貸してくれなかったのは当たり前、と目には目を歯には歯を、という仕返しの立場、があり得ます。そのどちらになるかは他の境遇が影響するのでしょう。お金に余裕があれば他人に施す、というのは自然であり、誰にもできることです。しかし、心に余裕がなければ施しの心は起こらないでしょう。心に余裕があれば、施しではなく、分かち合いの心も起きて来るはずです。(2007/05/29)

7. エンジェルはボランティアではない

　エンジェルがボランティアでない理由はいくつかありますが、大切なことはベンチャー起業家がリスクを冒してリターン

第3節　投資に対する基本的姿勢 ▶▶

を求め、ステークホルダーズにも同じことを期待して、そのリターンが事業の利益から生じるよう技術を開発し、競合に勝って顧客の満足を勝ち得ようとしていることです。事業にはコストが発生しますが、起業家と経営者、従業員にはそれぞれ必要な人件費がかかります。エンジェルは大きな投資をしない代わりにその知見、人脈、経営経験を使って起業家を支援するので給料こそ取らなくても支援のための支弁は補償されなければなりません。そして、使った時間と支援に見合う成功報酬としてのストックオプションを要求するのは当然です。この活動をすべてボランティアとして行うと起業家と企業を甘やかすことになり、その関係は歪んでしまいます。

　利益を得ることを目指した事業でそのコストをまかなえるだけの投資ができないのは事業計画が不備である場合がほとんどです。開発段階で資金をできるだけそこに集中し、人件費を抑制することが事業の成功を早める、と考えるからエンジェルは現金による給与でなく、必要経費とストックオプションで支援に応じるのです。利益を目的とする事業でボランティア支援を期待するのは本来のボランティアの役割を誤っています。ボランティアは本来福祉を目的としており、社会貢献のために行う活動です。

　災害支援、難民支援、戦禍による市民のための支援などが従来のボランティア活動でしたが、高齢化社会の到来とともに高齢者をどう支援するかということが議論の対象となっています。高齢者同士が支えあう社会を構築する必要性も芽生えています。ボランティアが官の便利な補完機能となることに対する警戒感も出ています。ベンチャー起業家に対する支援はこれらのどれにも当たりません。これがビジネスエンジェル

はボランティアではないとの主張の裏づけです。エンジェル活動を当たり前のこととして社会に根付かせるためには、起業家にも正しい認識をしてもらい、社会にも認められる努力をすることが必要です。(2006/06/01)

8. アメとムチ

　私が経験した日本型の評価では7割はムチ、3割がアメ、という割合が社員のやる気を引き出す、と考えていました。すなわち、改善の指摘に7割、褒めるのが3割というわけです。アメリカの現地法人の社長を始めた当時、経営幹部の評価をする機会があり、それまでの経験をそのまま適用したところ、全員(アメリカ人ばかり)が面会を求めてきました。評価は一人ひとりと相対で行うので、納得したものと思っていた私は何事かと会ってみると、口を揃えてこの評価はアメリカの常識では全員辞めろというに等しい、というわけです。

　私は大げさに言えばびっくり仰天しました。そんな気はまったくなく、それぞれの役員に良かれと思って行った評価ですし、評価インタビューで納得したものと思っていたからです。どうやら一人ひとりは私からの「辞めろ」というメッセージだと思ったのでしょう。しかし、お互い話してみると、全員が同じような評価をされていたことがわかり、まさか全員に辞めろと言ったわけではなかろう、とみんなで面会を求めてきたわけです。その席上人事担当の役員が、アメリカでは7割をニンジン、3割をムチとするのが一般的だ、と馬を調教するときのたとえで教えてくれました。私は文化の違いを強く感じたものです。

子供を育てるにも、社員を教育するにも、やさしく振舞うときと、厳しく躾けるときがあります。やさしくしすぎると甘えが生じ、改善が見られなくなります。厳しすぎるとやる気を失わせることになりかねません。アメとムチの使い方は相手によって変えなければならないことは言うまでもありませんが、国によっては使い方を誤るととんでもない結果を招くことも忘れてはなりません。

　エンジェルが起業家を支援するときにもこのことは言えそうです。起業家が気づいていないことを、例えばビジネスモデルが不完全である場合、具体的に指摘して改めさせると、そのときは起業家にとってありがたい、と思われるかもしれませんが、それよりはどこがどのように不完全であるかを一緒に考え、起業家が自分でそのことに気づいて、ビジネスモデルを完成するほうが、長い目で見ると起業家のためにはよいのです。ムチの使い方にもいろいろあることをエンジェルは知っています。(2008/07/27)

第2章

ベンチャー起業の在り方

▶ 第2章　ベンチャー起業の在り方

第1節　起業の準備

1. 今求められるベンチャー起業家

　戦後国民のほぼ全員がひもじい思いをしていた時に、知恵を働かせて物資を集めて売りさばき、利益を上げた人たちがいました。当時これらの人たちを「闇屋」と呼んで悪いことをしている、と決め付けたものです。統制下にあって、統制をくぐりぬけた物集めは、たしかに統制令に触れる違法行為で、褒められたことではありませんが、ニーズがあり、シーズを見つけて事業に結びつけるのは経済活動ともいえます。もともと物価を統制するということ自体、自由経済ではありえないことですから、これらの「闇屋」はベンチャー精神の発露といえないこともありません。

　この時期には合法的に創業し、ベンチャーを起業した人たちも多くいました。事業に成功して今日に到っている大企業も少なくありません。戦後まもなく創業した企業には1945年に堀場製作所、46年にソニー、48年にホンダ、50年の村田製作所、少し下って59年の京セラなど堂々たる顔ぶれです。もちろん、これらの企業の創業期には闇屋まがいの企業行動はなかったでしょうが、物資のない中での起業は並大抵の苦労ではなか

第1節　起業の準備 ▶▶

ったと想像されます。

　なぜ短期間のうちにこれだけのベンチャー企業が生まれ、成功したのでしょうか。もちろん成功の陰には多くの失敗物語があったと思われます。人間には創業精神がどこかに隠れているようです。それが発露して創業という行動に現れるのは、時代のどこをとっても存在したと思われます。戦後の特徴は皆が飢えており、どこを見てもハングリー精神が満ち溢れていたことでしょう。ひるがえって現代を俯瞰してみると、街にも家庭にもモノは満ち溢れ、大人も子供もこれ以上のモノは要らない、といっても過言ではない状況です。企業活動も活発で、創業環境も整っているように思われます。しかし、このような状況下ではハングリー精神は発露しにくいでしょう。したがって、だれもが起業したいという気持ちになることはないように思われます。

　しかし、起業家のDNAを持つ人はあるパーセンテージで存在するはずです。問題はそれらの人がどのような背景で起業するかです。これらの人々のために起業塾、起業家養成コース、ベンチャー塾などが自治体、NPO、大学などに設けられています。そのひとつである八幡経営塾でも起業家養成研修プログラムを会員に提供しています。このプログラムがユニークである点は起業家に明確な行動規範を求め、コーポレートガバナンスの上に立った、透明でコンプライアンスの決意に基づいた経営を勧めている点です。戦後の混乱期ならいざ知らず、グローバルな視点から見ても社会的責任を全うできない創業者には起業させない、という強い決意をもたなければ、起業家の育成はできないはずです。

　もろもろの事件のあと、ベンチャーの起業に追い風が吹い

ているとは言えません。しかし、このような状況下でこそ、正しい志を持って、十分に練られたビジネスモデルとビジネスプラン、これらに裏打ちされた資本政策を示して、創業を世に問う起業家に出てほしい、と思っている人も少なくないはずです。リスクを恐れず、的確なリスクアセスメントができる起業家、あるいは自分なりに起業家の資質ありと思っている人は勇気を持って創業してほしいと思います。そしてまた、これらの起業家を物心両面で支援するエンジェルにも立ち上がってほしいものです。(2006/10/03)

2. 創業前の準備が大切

　創業の準備をする時期は絶対にと言ってよいほど創業以前です。仕事をしながら、自分の時間を使ってビジネスとして成り立つかどうかを検証し、十分な準備をしたうえで創業する、というのが基本的な要件です。

　いったん創業し、課題につきあたってから相談に行っても時計の針が過去に戻せないと同様使った資金は戻ってきません。顎足がある間に自分の時間を使って創業の準備をするのが鉄則なのです。商法の改正によって1円で会社を作ることができるようになりました。1円でも1,000万円でも作った会社には事業の目的があり、目的達成のための計画がなくてはなりません。

　創業する前にどんな知識を持ち、どんな準備をすればよいかを考えた方がよいことは容易にわかるはずです。走り出してから考える、という表現がありますが、ベンチャー起業は走り出す前に考えねば失敗することは確実です。

エンジェルまたはメンター（仕事上のよき助言者）に幸運にもめぐり逢えたら、事業計画の策定、資金調達の方法、創業に際して必要なガバナンス、リスクなどについても教えを請うことができますが、そのような人材が少ない日本では八幡経営塾のような組織の門をたたくほかありません。（2006/07/10）

3. スタートは3Fの資金で

　創業期の企業は通常創業者1人かあるいは賛同者がチームに参加している程度で、組織になっていないのが普通です。創業前後において何が必要か、といえば多くの起業家は資本金と事業資金を挙げます。しかし、経験的に言うと、お金を用意する前にしなければならないことがあります。それはお金をいつ、何に対して、いくら必要なのかを見積もっておくことです。そのためにはビジネスプラン（事業計画）がなければなりません。事業を始めたら、人、設備、建物、運転資金などが必要になります。それにいつ、いくらの資金が必要なのかはビジネスプランをつくらなければ、分かるはずがありません。ビジネスプランは事業の内容、どのようにして利益を出すのか、が決まらなければ作りようがありません。どのような事業から利益を得るのか、がビジネスモデルといわれるものです。ビジネスモデルにはビジネスのタネがなければなりません。

　初めて起業する人にはこのようなことは分からない場合が多いでしょう。ビジネスエンジェルはそれに気づかせてくれるはずです。そして、他人に出資を求める場合には、先ず自分の周りで、起業することに賛成して小額でも資金を出してくれる家族か親戚（Family）、親しい友人（Friend）などがいないか、

▶ 第2章　ベンチャー起業の在り方

　見回してみます。これらの人たちは起業家を一番知っていて、理解してくれているはずです。このような人たちに先ず起業のアイディアを相談し、賛成してもらえるかを試してみるのです。

　一番信頼してくれる人たちに賛成してもらえなければ、赤の他人を説き伏せて出資してもらうことは難しいでしょう。自分（Founder）をふくめて3つのFのことを3Fとよび、これらの人たちから出してもらう資金を3Fの資金と呼びます。ビジネスのタネが顧客に評価されるかどうか、試験的に作るための資金は3Fからの資金で賄う、というのが起業の原則です。顧客が「これはいい、是非作って見なさい」と言ってくれればしめたものです。そしてその声をもって資金提供者を探せば、出資を募ることは比較的容易です。

　他人様の資金を使って事業する、ということは資金を倍返しする、ということに他なりません。約束することはできないにしても、それを最善の努力をもってやり遂げる決心を契約書にして取り交わすことを求められます。それが投資契約書、といわれるものです。そこには調達した資金をどのように使うのか、使った結果何ができるのか、成功して資金を投資家に償還できるまでにかかる時間、追加する必要のある金額、なども盛り込まなければなりません。ここまでの計画を創業前に作ることは容易なことではありませんが、それをしないで創業することは、海図とコンパスや食糧、飲料水などを積みこまないで船出するのと同じで、無事帰れないことは目に見えています。

　エンジェルはこのようなことも起業家に気づかせ、納得させてくれる存在です。（2008/12/25）

4. 起業には熱い想いと強い動機が必要

　ベンチャービジネスにはリスクがつき物で、大きなリスクを冒して大きなリターンを得ようとします。リスクを回避しながら事業を行うので大量の資金を必要とする場合が多いといえます。起業家には強い動機があり、その動機を持ち続けるためには経営の独自性が必要です。投資家と起業家が互いに納得して投資が行われるためには適切な事業計画とそれを反映する資本政策が必要です。そのためには創業前に十分策を練り、経験者や投資家にそれを見てもらい、批評してもらうことが不可欠といえます。他人の資金を使うのですから当たり前といえます。これを理解しないで創業する人が多いのには驚きです。

　どんなに優れた技術を考案し、製品化しても、それを買ってくれるお客がいなければ絵に描いた餅に過ぎません。よいものは売れる、という思い込みは大間違いで、よいということを理解してもらうのは容易ではなく、考え出した人だけにしか理解できない場合も多いといえます。アメリカではそれは当たり前で、事業のコンセプトを証明しないうちはエンジェルといえども誰も見向きもしてくれません。創業してから証明しようとすると、どんどん資金が減って、証明できたときには資金がなくなっていた、という事態にもなりかねません。その証明には思ったよりもずっと時間がかかるものです。顎と足があるうちに事業計画を作成し、エンジェルを探して支援を受け、顧客にも完成したら試験的に使ってもらう約束を取り付けてから創業すると、船出は順調に行きます。顎足が給料である場合は自分の時間内でこの作業をしなければなりません。

これを週末起業と名づけた人がいます。(藤井孝一著「週末起業」)

　ベンチャーの起業には熱い想いと強い動機がなくてはならず、なんとなく起業するのではだめです。

　起業する必然性、時期、仲間などがいないと孤独な戦いになります。エンジェルがこれを理解し、支援してくれるとずいぶんと楽になります。ある半導体関連の起業家は事業を1人で興し、4人のエンジェルを取締役と監査役に迎え、資金と汗を流してもらって、成功報酬だけで支援してもらっています。これは起業家にこの4人がほれ込んだからできたことです。

　通常創業期には支援者が月に1度起業家と状況報告、今後の進め方を協議します。ガバナンス上は取締役と監査役を最初からエンジェルで固めることが望ましいです。家族、親兄弟を取締役、監査役にするのは間違いです。起業家は支援者と対立意識を持つのではなく、メンターとして助言してもらうことを心がけるべきです。経営チームを作るときもエンジェルに面接してもらうなど単独で決定せず、必ず他人の眼を通すことが役立ちます。(2006/02/22)

5. 共同創業が理想

　たとえば、1円の資本金、1人の会社が社会の信用を得られるでしょうか。信用がなければ資金を調達することができません。どんなに優れた商品を考え出しても資金がなければそれを実現することはできません。また、事業を経営するにしても、独りでは偏った考え方に傾きがちです。「3人寄れば文殊の知恵」という諺もあるとおり、違った観点から複数の人が考えを

出し合うことが大切です。

　起業家が独りで事業を始めるのはリスクが高く、信用を得るまでに長い時間がかかることは経験上分かっています。それでは複数の経営者をどのようにして見つければよいでしょう。同じ職場の仲間、大学の同級生、異業種交流を通じての知り合い、などの中から気のあった同志が、起業家のビジョンとミッションに同感して共同で創業する、という形は理想的です。創業期に3人を養うことは容易ではありません。本当に気が合って、ビジョンとミッションを共有し、その事業に情熱を持てるならば、資金も出し合い、報酬は生活できる最低限を受け取り、成功報酬を厚くする、というのはベンチャー起業のイロハと言えますが、現実にはそのようなケースは極めて稀です。起業の情熱をそこまで燃やせる創業者は日本に望むことは無理なのでしょうか。

　創業時に複数の経営メンバーを養うことができない場合、成功の目処がつくまで気の合った仲間に待ってもらう、という選択肢も無いではありません。その場合、最大のリスクは起業家がとるので、後で参加する経営者は成功報酬の割合が少なくなるのは当然です。ベンチャー精神が稀有である日本では、それも実現困難なことかもしれませんが、起業家に人間力があれば、人が集まってくることも期待できます。ベンチャー精神の他に、人をひきつける人間力が大きな役割を占めているといえるでしょう。(2010/05/06)

6. 補助金・助成金は諸刃の剣

　現状では補助金・助成金がある意味でお墨付きのような理解

> 第2章　ベンチャー起業の在り方

となって、補助金のついたベンチャーは有望である、とのレッテルを貼られたように思われています。これは起業家をますます誤った方向に向けてしまい、資金調達を安易なものとの考えに拍車をかけるようなものです。特に大学発のベンチャーは経済産業省と文部科学省との後押しもあって、ベンチャーの当事者は開発だけをしていれば、資金は自動的についてくるものとの誤った考えをもつ教授もおられるようです。ビジネスモデルや、ビジネスプランなど聞いたこともない、という開発者にお目にかかったこともあります。

　ベンチャーにとっての資金とはどのような意味があるのか、といった基本を知らないでベンチャーを起業するのはいかがなものでしょうか。開発型のベンチャー起業家であっても、創業の基本は勉強すべきであると思います。

　補助金・助成金は「諸刃の剣」という側面を持っていると、交付する官の側も起業家の側も認識すべきで、その上で大切なお金を使うようにしたいものです。国民の血税で賄われているわけですから、結果として無駄遣いにならないようにしてほしい、と思うのは私一人ではないはずです。もとより、ベンチャー、特に開発型のベンチャーは成功率の低い、ハイリスク・ハイリターン型が多いので、開発の結果が事業に結びつかない可能性が高いことは覚悟の上のはずですから、失敗が全て無駄遣いとは言い切れません。しかし、事業計画のずさんさなど、審査の段階で見抜けるはずの欠陥を見落とすようなことはないようにしてほしいと思います。(2007/06/04)

第2節　ベンチャー起業の要件

1. 理にかなった起業の要件（5つの要件）

　理にかなった創業準備とはどんなものでしょうか。それらをまとめると、次に集約されます。

1. 創業前に準備を十分に行うこと
2. 事業計画と資本政策にまとめること
3. 5年先までの資金需要を見通すこと
4. 資金以外のリソースを見積もり、自分にその調達ができるかを見極めると
5. 自分に不足している能力を自覚し、エンジェルか経営チームで補うこと

創業に必要な要素は、以下の5点であると考えられます。

1. ビジネスモデルに裏付けられる事業シーズ
2. シーズを事業にするための計画
3. ヒト、モノ、カネの経営資源
4. 供給先である市場の存在

5.　最も大切なアントレプレナーシップをもった起業家

　この5つのうち最初の4つはいつの世にも存在しており、お金が足りないわけではないことは日経新聞の記事が示しています。(2011/01/18)

2. 理にかなった起業の要件(内容)

　事業計画の詳細はここでは述べませんが、市場、競合、商品の供給、ビジネスモデル、利益の源泉などがわかりやすく記述されていることが必要です。

　この計画を実行するために必要な資金を調達し、かつ経営の独立を維持できることを目に見えるようにするのが資本政策です。

　もっとも大切なことは事業計画と資本政策を見れば、会社の今後が見通せて、資金を提供したくなるような魅力がいっぱい、という提案になっていることです。創業期の企業に投資してくれるのはエンジェルと一部の機関投資家、それに技術や製品に興味を持つ企業ですが、日本では残念ながらエンジェルの数が限られており、創業期の資金調達を一手に引き受けるアメリカとは段違いです。その違いを補う目的で提供される公的資金は誤って多用されており、却って創業期企業を甘やかしたり誤った方向に誘導したりしているケースもままあるように見受けます。エンジェルが少ないのは資金不足を招いているばかりでなく、経験に基づいた助言と支援が受けられないという決定的な欠陥を意味します。(2006/06/07)

3. JSOX[*]の意義と課題

　ベンチャー起業を単なるお金儲けの手段だと勘違いしている経営者がいます。その代償は規範に欠ける金融取引、インサイダー情報の悪用、お金に対する感覚の麻痺、などです。資金の意味も知らず、ビジネスプランもなしに起業する無知がまかり通る社会は、公正なベンチャー社会を目指したものとは到底言えません。

　八幡経営塾はこの風潮にブレーキをかけ、起業の前にビジネスモデル、ビジネスプラン、これらに裏付けられた資本政策、という起業の3点セットを揃えるよう訴えています。そのための研修講座も提供しています。

　より多くの起業家が十分な準備をした上で創業するようになれば、ベンチャーの成功率も少しは高まるはずです。起業の3点セットはいわば、航海における海図、コンパス、食糧などに相当するもので、長い航海にこれらを持たずに出航するのは自殺行為であるのと同じで、当然創業前に準備すべきものです。

　ベンチャービジネスは論理的な企業活動であり、決して拝金主義と同列に見るべきものではありません。それは挑戦心と綿密な準備をもって行う事業です。より多くの若者が、お金目当てであっても手っ取り早く金儲けをたくらむのではなく、

---

* JSOX法（日本版SOX法）

企業の内部統制強化を目的とした法律のこと。

エンロン事件をはじめとする米国企業の会計不祥事の続出に対して米国政府が制定したSOX法（Sarbanes-Oxley＝サーベンス・オクスリー）法の日本版のこと。

慎重な計画と公正な事業によって資産を形成するのがベンチャー社会のあるべき姿ではないでしょうか。

　八幡経営塾では創業時からコンプライアンスを実行するよう起業家に求めます。それは会社の体質あるいは企業文化にそれが刷り込まれると信じるからです。誤った経営が行われ、後にそれに気づいてから、軌道修正するには大きなコストがかかります。起業家自身が最初からそのことに気づいて、創業時から法の遵守とステークホルダーズに情報開示を行い続ければ、それが企業文化として根付き、不祥事知らずの会社として成長するでしょう。JSOX法はそれを確認する手段です。創業時からそれを実行していると、株式公開時にあわてて内部統制を検討する必要はありません。それは会社として当たり前のことになっているからです。

　とはいっても法が求める組織と内部監査の体制を作るには相応のコストがかかります。未公開時からそのコストを負担することは無駄な出費となる場合もあるので、企業文化としてコンプライアンス実施の自信があれば、体制作りはぎりぎりの期限まで待つべきでしょう。コンプライアンス担当者、内部監査専従者、などをおくのは大きなコスト負担だからです。そのためのコストは利益から出すのですから、JSOX適用の企業はそれに見合った利益率を達成しなければなりません。したがって、創業前に始めようとしている事業がそれだけの利益率を達成できるかどうかを検証しておく必要があるのです。

　すなわち、創業前に行うべき検証の項目としては、以下の8点があります。

1. 創業者のビジョンとミッションの明確化
2. ビジネスモデルの確立と検証
3. ビジネスモデルを収益源とした事業の計画と戦略策定
4. 計画の実行に必要な資金の見積もりと資金源の確保
5. これらを支援してくれるエンジェルとの交流
6. 経営チームの確保
7. 株式公開を予定する場合はJSOX遵守のためのコスト負担に応じた利益の確保
8. 株式公開を予定しない場合はどの程度のCSRを守るか覚悟を表明

　以上の内1から6までは従来から八幡経営塾が勧奨してきた項目であり、7と8はJSOX法施行に伴って追加となった項目です。もともと八幡経営塾は起業家に行動規範を要求していますが、今後はJSOXを明文化することになります。（2008/06/09）

4. 資金不足の要因

　高いリスクを冒し、大きなリターンを狙ったベンチャー起業を目指すにしても、ローリスクローリターンの一般創業にしても、十分な自己資金を持って事業を始められる人はまれです。多くの人は他人の資金を当てにしなければなりません。実際、資金不足で悩んでいる経営者は世にあふれているといっても過言ではないでしょう。世の中にはお金が余っており、銀行は借り手を捜し、ベンチャーキャピタルは投資先を求めています。ではなぜ経営者が資金不足で悩むのでしょう。

▶ 第2章　ベンチャー起業の在り方

　八幡経営塾に経営相談に来られる方があとを立ちません。多くの方は銀行で断られ、誰からも資金を調達できず、ここなら、と思って駆け込んでこられる場合が多いようです。このようなことにならないようにする事前の方法はあっても、一旦陥った資金不足から立ち直る方法はほとんどといってよいほど見つかりません。それはなぜでしょう。以下の5点の理由が考えられます。

1. 事業計画が魅力的でないのはなぜかを経営者が認識していない
2. これまでの実績が改善される見込みがない
3. 資金の使い道が明確でない
4. 融資または投資した資金が戻ってくるとは思えない
5. 技術や製品は魅力的だが、それを事業に結びつけるマーケティングができそうにない

　これらの欠点を是正すれば、資金を集めることは可能かもしれません。経営相談ではそのように指摘するのが普通ですが、なかにはそれができれば相談には来ない、といって帰られる方もあります。自助努力ができず、他人頼みしたのでは事業に成功するとは到底思えません。

　起業を成功させる確率を上げるためには以下のことを確実に実行することです。それは以下の6点です。

1. 創業前に経営の基本を学んでおく
2. 創業前に市場調査、経営チームの編成、事業計画、必要資金の推定、など精査する

第2節　ベンチャー起業の要件

3. 事業計画は1人で作成するのではなく、他人に見てもらって客観性をもたせる
4. 顧客を見込んで、完成の暁には買ってもらえるか、あらかじめ相談しておく
5. 計画が思い込みでなく、客観性があることを確認しておく
6. 達成可能な事業のロードマップを描いてみる

　これらのことを創業前に準備しておけば、資金調達の可能性が高まります。経営の基本は八幡経営塾のような団体が研修コースとして提供しています。ビジネスモデル、ビジネスプラン、資本政策を3点セットとして対話型のゼミナール形式で提供し、各講座は3時間で、講義と質疑応答の繰り返しです。思いついた事業は全て実現できるわけではなく、失敗の例から学び、コンセプトを創業前に十分練り、検証を重ねて自信をつけることが重要です。自信が持てなければ始めるべきではないでしょう。

　コンセプトの段階から創業までは6ヶ月くらいかけるのが普通と思うべきです。その間に経験者、エンジェル、先輩などに相談してみることは客観性を持たせる上で有効です。学生の間、サラリーマンの間にじっくり考えるのもよいでしょう。週末起業の藤井孝一さんはその著書の中で週末とアフター5でコンセプトを練ることを勧めています。特に家族がいる場合はその支持がなければ長続きしません。周囲の反対を押し切って創業するのも考えものです。誰もわかってくれず、周囲の人が馬鹿に見えてきたら、もしかすると自分が馬鹿なのでは、と疑ってみる謙虚さも役立つでしょう。

このように考えてくると、資金が集まらなかったら、一旦撤退して、最初からやり直した方がよい場合も多いのではないでしょうか。(2006/12/25)

5. 起業か就職か

進学、卒業、転職、定年退職など人生の節目で起業か、就職かという選択をする場面があります。これまでの日本社会ではほとんどの人が就職を選んで来ましたが、最近では起業を選択する人が増えているようです。多くのいわゆる団塊の世代が定年を迎える来年に向けて、この選択についてのさかんな議論がマスコミを賑わせるでしょう。しかし、これは選択肢といえるほど自由度のあるものでしょうか。働き口が見つからないから起業の道を選択するというのは無茶です。起業にはそれなりの決断、資本の論理、起業のミッション、事業の見通し、リスクの予測などが必要であることは言うまでもありません。

起業して成功したい、という内から突き上げるような強い意志があり、市場を調査して成功するに必要な道筋がある程度見えるまで、十分な検討と準備が必要です。就職にはそこまでの準備は必要ありません。起業すれば誰かが資金を出してくれると、安易に考えるのは不当です。公的資金が比較的容易に得られる現状を利用するのはそれなりの見識ですが、資金が適切に使われなくては死に金となってしまいます。十分な準備とは以下の7点を起業する前に考え、まとめて、計画として他人に理解してもらえるようにすることです。

1. 事業のビジョンとミッションを明確に記述する
2. ミッションがマッチする市場の存在を確認する
3. ミッションを達成するための戦略を立案する
4. 競合に対する差別化のコンピテンス(能力)はあるか
5. 製品、サービスの提供が円滑にできる仕組みづくり
6. 予測されるリスクの評価と開示
7. これらを実行するために必要な資金の見積もり

　必要な資金は自分で出せるのか、出してくれる人の当てはあるのか、他人資本を当てにする場合は上記の計画に対して出資してもらえる自信はあるのか、などは起業前にわかっていなくてはなりません。起業する前に十分な準備が必要です。それにはまず起業してからの道筋を描いてみることです。リスクについても予測しておく必要があります。(2006/05/12)

6. ベンチャー成功の機会

　ベンチャーは大企業と補完的な役割を担っています。熱帯雨林の世代交代説を持ち出すまでもなく、現実の社会にあるニッチの市場を狙ったベンチャーは多く出ます。ニッチであるがゆえに大企業が手を出さない隙間市場はウェブ2.0の広がりとともに起業家たちの絶好の目標となるでしょう。競争に疲弊した大企業が、比較的競合の少ないニッチ市場に入り込んでくる可能性も排除できません。また、ニッチ市場で成功したベンチャー企業を買収して巨大市場に育てる動きも出てくるでしょう。

　ベンチャー成功の機会はニッチに限らず、大成功をおさめ

る例があります。ITの世界ではインテルとマイクロソフトがそれにあたります。1960年代終わりから70年代に興り、1980年代に成長して大成功をおさめたこれら2社に続く、あるいは取って代わるベンチャーはまだ出てきていません。大成功につながるベンチャーの機会は1つの分野で50年に1つか2つしかないのでしょう。

これらには及ばないまでもシスコシステムズ、サン・マイクロシシテムズ、デルなども一世を風靡したといえるでしょう。これらの成功例の陰には数えきれないほどのベンチャー企業が起こっては消え、消えては起こっています。何が成功と失敗を分けるのでしょうか。過去の例からみると、起業家の資質が最も重要なカギを握っているといえるのではないでしょうか。

インテルの創業者3人はトロイカ方式で長期にわたって経営を成功させました。マイクロソフトは学生だったビルゲイツが1975年に設立、つい最近まで経営のトップで指揮を取りました。これら創業者たちの持つリーダーとしての資質が、創業期から大きく影響していることは疑いないことです。機会を逃さず、市場をつねにリードして巨大市場に育て上げた両社が今後も成功を続けるのか、あるいは肥大化する組織を維持できず衰退するのか、新しい指導者たちの腕にかかっています。

新しい機会を求めて次々に起こるベンチャーを、どのように支援して成功に導くことができるか、過去の成功例から学ぶことが最も有効ではないでしょうか。その中でカギとなっているのは例外なくシーズと市場のマッチングでしょう。ベンチャーの機会をこのように捉えるとこの問いに答えが見えてきます。誰にも見える機会は競争が激しく、まだ見えていない機会の見える起業家は大きな可能性を持っていますが、間

違っているリスクが大きいことも事実です。

　マイクロソフトやインテルの成功例は後者、シスコは前者といえるでしょう。エンジェルとしてこれらの例のような大型の案件に遭遇することは滅多にありません。通常は失敗か、小さな成功の可能性をもった案件が対象となります。そんな案件でもやはり機会をどう捉えているか、競争相手があるのか、評価し、買ってくれる顧客があるのか、といった観点から起業家を見ることは効果的です。成功するまでにどのようなリソースが必要か、資金はいくら必要か、などが予測できているかという点も話し合う必要があります。成功の可能性があると感じたら思い切って支援を申し出で、どのような支援ができるのか、起業家がその支援を受ける意思があるかを確かめることです。エンジェルの支援は起業家との出会い、意思の疎通、相対のマッチングがすべてそろって初めて可能となるのです。(2006/07/28)

第3節　ベンチャー組織論

1. 安定にもリスクがある

　大企業の組織行動に慣れた日本人に、いきなりベンチャーの世界に身を投じろというのは、無理だと思われます。しかし、既存企業が安定した職場であるとの保証もなくなってきた時代に、サラリーマンとして生涯を終えることのリスクと、外資系企業やベンチャー企業でのリターンの大きさを比較すると、そこには既存企業での「安定」とリターンの大きい機会から生まれる「夢」という異質の構図が見えてくるはずです。そして組織における「安定」に安住するか、リスクを冒して個人の実力を発揮して「夢」を追うか、という選択がありうることに気づくでしょう。もはや「安定」にもリスクが伴う時代となったのですから、リスクのないキャリアは望めない、との結論が出ます。

　先見の明のある人はこの選択をどのように取っていけばよいのでしょう。一つの解は第1段階として外資系企業に転じ、そこで個人の力を発揮する機会を試し、自信ができたら次に創業期のベンチャーに参加し、第3段階として自分で起業する、という図式が考えられます。このような段階を踏むことによ

り、組織で培った力を外資系の企業で個人の力として発揮して実績を上げ、その自信をもってより個人の力が必要とされるベンチャー企業に参加することで、失敗や挫折のリスクを軽減することができそうです。これからのキャリアパスのヒントとなれば幸いです。(2007/11/12)

2. ベンチャー企業の経営チーム

　ベンチャーを起業するにあたり、人ほど重要なものはありません。どんなに優れた技術や商品があっても、経営者がしっかりしていなければ、事業は成功しません。単独起業して、目処が立ったから共同経営者をさがそうと思っても、人材の流動性に乏しい日本社会、リスクを取りたがらない文化ではベンチャーに優秀な人を誘い込むのは不可能に近いと言わねばなりません。

　アメリカで創業期企業を評価する時、経営チームの完成度が試されます。チームで起業しようとしているのか、起業して事業が立ち上がったら参加してくれるパートナーがいるのか、はたまたこれから探すのか、3つのパターンに分かれます。複数ではじめる時には2人分の給料の固定費が足かせとなり、事業が立ち上がってから参加するパターンではそれまでフリーでいられるかどうかが心配です。アメリカにはプロの経営者の流動性が高く、比較的容易に適任の人材が見つかりますが、優秀な人材が企業に囲い込まれている日本では、短期間に経営チームを組むことは至難の業です。しかし、チームなしには経営は成功しません。仮に経営チームが不可欠だとしたら、創業時にチームができているか、あるいは目処がついていて、い

つかの時点で参加してもらえる、との約束がなければ創業しない、位のルールを作ったほうが、硬い創業が増えるのではないでしょうか。

　そんなことを言ったらほとんどの創業は成り立たない、との声が聞こえてきそうです。しかし、現実問題、経営チームがなくては事業が成功しないのですから、操舵手なしに船長だけで汽船を出すようなもので、船は座礁すること請け合いです。そのうち見つかるだろう、との安易な創業は事業モデルの確定していない創業、資金の目処のない創業と同様、創業後難儀することが目に見えています。エンジェルとエンジェル団体が経営者探しの役割を果たせればよいのですが、大企業にいる人材がリスクを冒してまで転職することは期待できず、唯一の人材プールは外資系企業です。外資系企業にはいつ日本から撤退するかわからない、業績をあげなければ失職する、といったリスクが付きまとうので、外資系に勤務する人たちにはリスク感覚があり、また、リスクをヘッジする術も心得ています。

3. プロ経営者を増やすシナリオ

　プロの経営者を増やすには大企業から先ず外資系に転職し、リスク感覚を磨いてから創業期ベンチャーに参加する、その次に自ら起業する、という三段跳びが有効ではないでしょうか。このシナリオが効果を発揮するには大企業から転職する時期はキャリア人生半ば以前でなければなりません。すなわち40歳以前、ということになるでしょう。それから5年間外資に勤務し、45歳で創業期企業に参加、5年で出口（エグジット）し、50

歳で起業、というパターンですと、2回失敗してもやり直しがききます。3度目の正直が期待できるわけです。最初の創業期企業が出口に達する前に失敗する可能性もあるので、4回目で成功すればよいわけです。自分で起業して失敗した経験は大変貴重で、次の起業に前の失敗経験を生かせば、成功の確率は初めての創業に比べてぐんと上がります。それを可能にするのは周囲の温かい目と、失敗しても叩かない社会風土を作ることです。

　また、創業を胡散臭い目で見ないこと、また創業する方も胡散臭くない事業計画を示さなくてはなりません。創業側も支援側もそして社会全体が失敗を許す寛容な風土に変わってこそ、ベンチャー社会と呼べるのです。(2007/09/10)

4. 企業は人なり

　日本国内の企業数で言えば、中小企業が97％と圧倒的に多く、雇用数で見ても60％を超えています。高度成長期にこれら中小企業は大企業の下請けとして位置づけられ、安定した収益を上げることができましたが、バブル崩壊後は大企業がビジネスモデルを転換し、その結果中小企業は収益が低下、資金繰りも苦しくなって、多くが倒産に追い込まれました。一旦業績が落ち込むと、懐の浅い会社は生き延びるための資金を融資に頼らざるを得ません。しかし、懐が浅いということは人材不足のため、販売先と開発力においても、競争力に劣っていると経営が不安定と見られて、銀行融資も受けられません。企業の強みは人材にある、と言っても過言ではありません。

　オーナー経営の企業では、ともすると社長の一言で物事が

決定されます。決定の過程で会議が開かれ、関係部門からの意見や提案が生かされる、という内部統制が行われません。そのような企業でも、社長の下には部門があり、それぞれの部門には長が配置されているでしょう。内部統制ができるということは、これらの部門がそれぞれ決められた機能を果たし、その結果が部門間で共有されて会社が有機的に経営される、ということです。すなわち、会議を通して情報が共有され、提案が検討され、最適の決定がなされるということです。情報が共有されるから人材が育つのです。(2010/05/12)

第4節　ベンチャー起業に必要な精神

1. 起業に必要なDNAとは

　ベンチャービジネス、または一般の創業、いずれの場合であっても、会社を興す前には最低限考え、準備し、覚悟を決めてかかる必要があります。それをDNAと呼びましょう。起業するために必要なDNAとは、何のために会社を興すのか、会社を興して何をするのか、成功したら何をしたいのか、などの理念と会社を興す目的を明確にし、いっしょに会社を経営し繁栄させる仲間に、それを共有してもらえるリーダーシップのこと、とも言えるでしょう。経営を透明にし、すべてのステークホルダーズに対して情報を開示し、顧客満足のために営業の先頭にたつ、といった率先垂範のDNAも必要です。

　逆に不要なDNAもあります。すなわち、人任せ、組織頼みの経営、独り善がり、思い込み経営、社会や業界の動向に鈍感で、変化についていけないDNAなどはベンチャー経営の邪魔になるでしょう。情報源を既存のチャンネルとメディアのような、誰もが入手できるところにしか持たない経営者は革新的な経営はできません。耳の痛い情報を持ってくる部下を叱りつける、処置が済んでから報告させる、などイエスマン優遇の

経営もよくないDNAのなせるわざといえます。(2008/02/25)

2. ベンチャー起業に必要な個の確立

　ベンチャーを起業するとき、起業家は自分で立てた目標に、明白なビジョンとミッションを持って突き進むひとつの個として立ち上がります。その個は社会の中に自己の存在を確立し、自己を顕示するわけですが、利己的な個ではなく、他の個を尊重し、社会の単位としての個でなければなりません。

　残念ながら現代社会には誤った民主主義がはびこって、他を顧みない利己主義がまかり通っています。民主主義の中では個人は他人を押しのけてでも存在できるのではなく、各個人を認めた上で自分を認めさせる努力をしなければなりません。その意味で起業家は支援者としてのステークホルダーズを十分尊重し、競合さえも意味のある存在として認めることが望ましいのです。決してお山の大将になることがよいわけではありません。その意味でもっと社会の中の個、という立場を市民が認識し、個人と社会の関わりを考える機会を増やす必要がありそうです。

　幼児保育、学校教育、成人教育、生涯教育などの機会に、強制ではなく自発的に参加者が考えられるワークショップ形式による学習が最も身につく民主主義を学べる場となるでしょう。自己主張は他人の主張に耳を傾け対話型で行うべきで、一方的な主張は民主主義にはそぐわないでしょう。起業家がステークホルダーズと話し合うときにも、エンジェルが起業家を支援するときにもこのことが当てはまります。

　起業家には自分のもつ目標、ビジョン、ミッションがステー

クホルダーズに共有され、支持されるよう事業計画で説明する責任があります。支持されない事業計画は決して成功しません。起業家に求められる個は明確な自己主張のできる個であるとともに他人に説明して理解され、共感を覚えさせるものでなければなりません。自分だけの思い込みは利己主義につながるといえるでしょう。(2006/05/29)

3. 起業家精神のはき違え

　八幡経営塾では今後の創業案件に出会って支援することになるでしょう。ホームページに無料相談窓口を設け、ウェブサイト経由で相談申し込みができるようになっています。ここを訪れる人の大半は資金の相談と思われます。八幡経営塾は投資団体ではなく、汗を流して起業家を支援する人たちの集団です。しかし、資金がなくては事業を開始できないことは現実です。そこで、八幡経営塾の支援はビジネスモデルを明確にし、それを実現するプランを他人が見て実現性があり、魅力があって投資したくなるようにするお手伝いを、コーチングの手法で起業家に気づいてもらうことです。

　多くの起業家は自分の事業に自信があり、他人の意見に耳を傾けようとしないので、言い聞かせるのではなく、自分で気づくように仕向けるのですが、成功しないことが多く、お引取りいただく他ない場合も多くあります。

　自分の思い込みを強行するのでなく、他人の意見を取り入れる柔軟性は起業家にとって必要なことです。自己の確立と柔軟な思考とは両立するものですが、自己主張が自己の確立と誤解する人が多いようです。

▶ 第2章　ベンチャー起業の在り方

　周囲の環境を見極め、自己のアイディアが環境にどう適応できるかを考えることがマーケティングに繋がることに気づく人は多くありません。八幡経営塾には起業3点セットの考え方があります。起業家は事業を起こす前に、3点セットを吟味して用意すべきである、との考えです。

　3点セットとは、互いに関連し合い、補完しあうビジネスモデル、ビジネスプラン、資本政策のことです。すなわち、競合に勝てる差別的強みのある事業の種から、どのように収益を生み出すかの仕組み、その仕組みをどう実現するかという戦略であるべき計画、実現するためにいつ、いくらの資金を何の目的で使うか、どこから資金を調達するか、株主構成、対立構造をどう構築するかがそれに当たります。

　アメリカには起業家が多く、起業成功者(エンジェル)が支援してくれるので、3点セットに相当する事業計画を立てて起業することがほぼ常識になっているようですが、起業の歴史の浅い日本では、1円で創業でき、会社を作れば誰かが資金を出してくれる、と勘違いし、無手で創業することが起業家精神だと思っている人もいるようです。

　起業家を最も信頼し、支援してくれるはずの家族と親族(family)、近しい友人(friend)、そして起業家自身(founder)の頭文字がFであることから3Fといわれますが、これらの人から支援が得られない起業が、赤の他人から資金を得られるでしょうか。自己資金なしに他人の資金だけで起業することが、乗っ取りの危険を最初から孕んでいることを理解すべきです。資本主義の中では対立する株主構成を、どのようにつくって行くかは資本政策上重要なことです。(2009/11/16)

4. ベンチャーの成長段階と社長の資質

　ベンチャー企業の成長段階は創業期、成長期、発展期、公開後、成熟期、衰退期などに大別されます。それぞれの段階で必要とされる経営の腕は同じではありません。したがって、同一人物がこれらの段階をすべて乗り切るのは不可能です。中小のオーナー企業では多くの場合、創業者が最後まで経営することが多いですが、結果には限界があります。ベンチャーは急速に成長することを要求されるので、それぞれの段階を異なる経営者がバトンタッチして急成長することが望ましいのです。

　創業期は内部統制も限定的であり、組織も不完全です。何でもあり、気がついた人が行動する、といった自由闊達な雰囲気を維持し、人をモチベートすることのできる資質が相応しく、誰もが一匹狼でよいのです。

　成長期には眠る時間も惜しんで遮二無二働くことが必要で、ハンズオンで率先垂範する経営者が求められます。外部の資金を調達する必要があれば、それなりの内部統制ができていなければなりません。事業計画、資本政策が策定でき、必要な人材を集めて明確な役割分担と責任が認識されなければならないので、社長は会社を組織化できる資質が求められます。この時期の組織は縦割りでなく、フラットにして必要な仕事がそれぞれ抜けと重複がないように分担されていることが全員にわかることが必要です。この時期に必要とされる社長の資質は創業期のそれとは相当異質なもので、組織作りの入り口に差しかかっています。

　発展期には資金を思い切って投資し、急速に事業を立ち上

げる思い切った舵取りが要求され、それだけリスクも高いです。人材の採用、床面積の拡大、経費の増大など重点的に資源を投入して結果を出さなくてはなりません。投資家への情報開示などコンプライアンスも明確に社内で実行しなくてはなりません。株式公開の準備にはことさら経費がかかり、神経を使わなくてはならないので、創業期の社長とはまったく異質の経営能力が要求されます。

株式公開のための審査をクリアした後、公開時の企業価値を最大限発揮して投資家から見た会社の魅力をアピールするのも社長の仕事です。プレゼンテーション能力、投資家とのコミュニケーション能力、市場の理解、競合に対する差別的コアコンピタンスなどを熟知した上で、アナリストに対して会社を売り込むのです。この能力を持っているか否かで株価は大きく左右されることがあります。この努力をしなければ、アナリストは入手できる公開情報だけで一方的な理解に基づいた値決めをするからです。このことは公開後も言えることで、私は在米時代半導体ウォッチャーといわれるアナリストと定期的に面談して、会社の業績を売り込んだものです。ここでガバナンスが要求されることは言うまでもありません。

公開後に要求されるのは内部統制を徹底し、組織のすみずみまで「PDCA(Plan Do Check Action)」のサイクルが徹底される経営を行い、ガバナンスの高い、透明性を維持した経営を行うことです。そのような資質は創業期の社長に要求されるものとは天と地の違いであり、もはや一匹狼では経営ができない規模と内容になっています。会社のことを熟知した社内の人材で社長の交代に備えるのか、あるいは社外から探してくるのか、という選択は株主にとっては大きな関心事です。日

本では一般的に社内から登用しますが、アメリカではほとんど正反対と言ってよく、どちらがよいとはいい難いです。企業間の人の動きが鈍い日本で社外に人材を求めることは困難でしょう。しかし、終身雇用形態が崩れ去り、ベンチャー社会を目指す今、人材の流動性を高める絶好の機会であり、経営の専門家が実務の専門家に代わって指揮を執る時代が近づいています。プロの経営者が輩出されることが待たれます。

　成熟期から衰退期の企業が増えてきた日本で求められる社長が社内にいるとは思えませんが、最近の企業行動を見ているとそのことが痛感されます。衰退期に入った企業は意外と多い、という印象を受け始めたのは私だけではないはずです。この時期の舵取りを誤ると企業価値は大きく下がってしまいます。経済が成熟した今、右肩上がりの経済と同じ感覚で経営しても通用するわけがないからです。(2006/03/07)

第5節　ベンチャー起業とリスク

1. リスクの取れない日本人

　ビジネスの世界にリスクはつき物です。顧客を競争相手にとられるリスク、開発に失敗するリスク、品質問題のリスク、社員が辞めるリスク、資金を調達できないリスク、など数え上げれば切りがありません。あるアメリカのファブレス[*]の会社では、毎年SECに提出する書類に、リスク項目を20ページにわたって記載しています。この書類は投資家の判断に使われます。これだけのリスクを理解したうえで投資判断をしてくださいと言っているのです。ベンチャービジネスで成功するには、あらゆるリスクに立ち向かい、回避策を練って最短距離を進まなければ、競争に勝てません。リスクを避けているだけでは時間と資金がかかってしまうからです。

---

*ファブレス

自社工場を持たない製造会社のこと。自社では製品の企画・設計のみを行い、実際の製造は外部の工場に委託する。半導体産業にファブレスが多いのは、半導体製造装置や周辺設備には莫大な費用がかかるためである。

近年の日本では、子供は幼少のころから、汚いもの、危ない生物、危険なところに近寄らないように育てられる傾向があるようです。そのように育てられた子供は、リスクを知らないか、またはリスクに近づかないで逃げるか、のどちらかしか選べないでしょう。長じてビジネスの世界に入ったときにも、同じ行動しか取れないとしたら、職を失う危険の少ない大企業で、一生安穏な人生を送る道しかありません。しかし、企業競争が激化している近年では、大企業でも安泰ではないので、その道さえも閉ざされ、他の社員との競争に敗れ、いつリストラの憂き目に遭うかわかりません。すなわち、人生にリスクフリーの道はないのです。(2009/07/29)

2. リスク感覚が問われる

　日本人にはリスク感覚が欠けていると述べましたが、それはわれわれが安全、安心の社会を追求し、実現したからに他なりません。誠に皮肉なことですが、戦後の困難な時期にはリスクはあって当たり前、駄目もとで取り組む、というハングリー精神があり、それが戦後のベンチャー企業台頭につながったといえます。しかし戦後、楽に食べていける社会を創ったためにそれが失われ、同時にリスク感覚も薄れたのだと思われます。

　だからこそ、これから創業する起業家たちはリスク評価を徹底的に行うことが求められます。ビジネスを取り巻く経済環境、技術動向、海外の動向など、考案したビジネスモデルをめぐる環境を十分理解・分析して、どのような事態が予測されるのか、そこでどのような競合が展開されるのかを考えて作成した事業計画でなければ、投資の対象にしてはもらえない

でしょう。

　アメリカの証券会社が銀行の傘下に入り、政府の監視の元におかれる状況は、ベンチャー社会を実現したコーポレートアメリカを変質させる可能性さえあります。運用実績の悪化した個人もリスクを取った投資をしなくなるでしょう。それはエンジェルの後退を意味するのでしょうか？　私はエンジェルの情熱が薄れることはないと信じます。しかし、資金を提供するエンジェルは原資が縮小すればリスク投資意欲が低下せざるを得ないでしょう。ここ数年のIPO件数は大きく落ち込んでおり、投資回収は困難になっています。

　このような環境のもとでどのようなビジネスモデルが投資対象となるでしょう。ハイリスク・ハイリターンは対象から除外されそうです。ローリスク・ローリターンはベンチャービジネスと呼べません。すなわち、ミドルリスク・ミドルリターンの志向は現在も続いており、ハイリスクを取りたがらない日本社会の現状を反映しているといえます。それはとりもなおさず、起業家のリスク感覚が問われる、ということです。

　すなわちリスクに向き合い、それを回避する策を十分に取り入れた事業計画が必要となるのです。リスクを予測し、その回避策を誰が見ても妥当というレベルまで高めなければならないのです。リスク感覚のない人にはそれができません。ありきたりのリスクアセスメントではなく、隠れたリスクまで見える感覚は動物的な勘だといっても過言ではありません。ここで3歳児までの自然界との接触がものをいう、といえば過剰かもしれませんが、読者の皆さんはどう思われますか。(2008/10/24)

3. 逃げるのではなく回避する策を講じる

　総じて今年の成人は大きいことは望まないが、とにかく正規雇用を勝ち取りたい、との声が多かったようです。

　就職に際しても大企業志向が変わっておらず、少子化に伴う親の意向が反映していると思われます。

　評論家の解説ではそれは日本社会全体が安全・安心を志向しているからだそうです。私のブログでも以前、若者のリスク回避志向を取り上げ、ハイリスク・ハイリターン型のベンチャーは日本社会には受け入れられない、との分析を行ったことがあります。とくに東日本大震災後はローリスク・ローリターンで確実なビジネスを狙う傾向が強まったように思われます。創業が盛んであれば、それはそれでもよいのですが、どんな事業にもリスクは伴うので、想定外ですべて片付けられるようでは困るのです。

　リスクを怖がるのではなく、現実を見据え、どこにリスクがありそうかを想定し、それから逃げるのではなく、リスクが実現する前にそれを回避する策を講じるのです。ローリスクビジネスではリスクの発生率が低いことと発生しても致命的でないことが条件となりますが、いずれの場合もリスクをあらかじめ想定しておかなければ回避することはできません。
（2013/01/14）

4. 誤った武士道

　最近起った不祥事で関係者が自殺した例がいくつかあります。身代わりと考えられる、いわゆるトカゲの尻尾切り、張本

人と思われる自殺、最後まで頑張って資金がそこをついての倒産、などはその表れと見られます。生きて恥をさらすな、という考えは「死ね」といっているのと同じです。最善を尽くして失敗することはあり得ることです。それはリスクを冒すからです。リスクの価値はそれを避けて大きな成功を収めることにあります。リスクのない成功は小さな成功であり、リスクを冒せばもっと大きな成功を収めた可能性を追求していない結果かもしれないのです。生き恥をさらすことが怖いからリスクを冒さない、としたら、それは武士道を誤って解釈していることになります。(2007/12/03)

5. リスクテークの発想

　人間にとって確かなことはあまり多くなく、絶対確かなのは「死」です。それ以外のことは可能性があるだけで、実現には大なり小なりリスクが伴っているはずです。すなわち、人間は生まれた時からリスクと向き合って生きているわけです。多くの場合、リスクと認識しないですむのは経験上リスクが容易に避けられることを知っているからでしょう。子供は知恵が未発達なので、経験が少ないこともあって、リスクを避けられず事故に遭うことが多く、親が注意しなければなりません。賢い親は危ないこと、すなわちリスクがあることに近づけないのではなく、何が危険で、危険に近づいたときにはどのような注意が必要かを教えます。実際に危険が避けられないとどんな結果になるかを、実験やシミュレーションで教えると、子供には経験として身につき、危険を避ける知恵がつきます。リスクに近づかないと、リスクに遭うことは少ない代わり、リスク

の避け方を知らない人間に育ってしまうでしょう。

　ベンチャー起業にはリスクが伴います。リスクを怖がって、リスクの少ない事業経営をすると、安定経営はできても、大きな利益を上げることができないのが普通です。ハイリスクなベンチャーにはハイリターンが期待されます。ローリスク・ハイリターンはありませんが、ハイリスク・ローリターンはよくあることです。リスク感覚が鈍いとリスクの評価が十分でなく、ハイリスク・ローリターンな事業に手を出してしまうことになります。

　通常ベンチャービジネスでは、外部の資金を調達して事業を行います。資金提供者は自分の出資するお金が増えて戻ってくることを期待します。ベンチャー事業家は資金をどのような目的に使って、事業が成功した暁には、いつ、どのような形で投資家にリターンがあるのかを予測して開示する義務があります。そして、それが失敗するリスクはどのようなことが原因で起こるかも予測してあらかじめ開示しなければなりません。開示していないリスクが発生することもあるでしょう。それが不可抗力であれば、投資家は資金が戻ってこなくとも諦めてくれます。しかし、容易に予測しうるリスクが見えなかった、という場合は経営の責任を問われることになりかねません。また、予測したリスクを避けるための手段を怠ったために損害が発生した時は、善管義務違反を問われるかもしれません。

　このような結末を恐れて、リスクの小さい事業を始めるのは、リスクテークの発想が乏しいからに他なりません。ベンチャーキャピタルはもともとリスクのあるベンチャービジネスに投資するためにファンドを創設しているので、ハイリスク・

ハイリターン型のベンチャービジネスを求めています。ベンチャーという言葉自体、ハイリスクを意味しています。親がリスクを怖がる子供を育てると、ベンチャー起業家は育ちにくいと思われます。リスク感覚というのは体に染み付いたものといえます。子供の時から、キャンプなどの野外活動に親しみ、優れたリーダーの下で危険に挑戦し、安全を体に覚えこませる、という教育または校外カリキュラムに参加させることが、のちにリスク感覚となって、優れたベンチャー起業家を育てるよい経験であることは、長い歴史と多くの起業例をもつアメリカで証明されています。(2006/11/08)

6. 成果主義とベンチャー

　労働の対価として労働時間または拘束時間に対して時間当たりの給料を定めて支払う、というのは一般的な慣行として長く続いてきました。昨今成果が重視されるようになって、労働時間や拘束時間よりも成果に対して給与を支払う考え方が一般的となりつつあります。ベンチャーにおいては、成果主義が馴染むのは万人が認めるところです。というよりも、成果主義に挑戦できる人でなければ、ベンチャービジネスに身をおくべきではない、といった方がよいかもしれません。起業家の中には創業後、しばらくは給料を取らないで働く人もいます。しかし、人間は最低限の衣食住のコストをかけなければ、生きていけません。成果主義といっても霞を食べて生きていくことはできないので、起業家が給料なしで事業を始めるというのは理にかなっていないでしょう。なぜなら、事業が成功する見込みがあれば、生きていくのに必要な資金を持っているの

ですから、それを資本として投下し、そこから給料を取れるからです。ただ働きはベンチャー精神のはき違え、といえます。

同じように、創業期にベンチャーに参加する人は、成果をあげられる見込みがあるからこそ参加するのですから、生活に最低必要な資金だけを現金で、残りは成功したときに受け取る、というベンチャー精神を持った人が望ましいでしょう。ベンチャーでなくとも、多くの企業が労働時間よりも成果を重視し、拘束時間の考え方も、勤務形態をこれまでのように、会社に来て仕事をする、という形から、どこにいても仕事の成果を出せればよい、という形に変えつつあるようです。

当時、事務所の机と椅子を各自が持つのではなく、空いているところを使い、専用は鍵のかかる書類キャビネットだけ、というスタイルが斬新な印象を与えました。ネット上で仕事ができる現在では、事務所は不要となり、自宅にいても、ホテルにいてもパソコンと高速接続があれば、ほとんどの仕事ができるようになりました。会議もIP電話とカメラを使ったテレビ会議で十分用が足ります。もはや、労働時間や、拘束時間に対して対価を支払う、という考え方だけでは経営は成り立ちません。

とはいえ、人間は心を持っています。飲んだり食べたり談笑したりすることで成り立つ友情を無視して、成果主義だけを追求しても結束の強いチームを作り、動かすことはできないでしょう。

あるファブレスの半導体メーカーでは年4回の取締役会の3回は電話会議で、1回は取締役が一堂に会して会議し、取締役会監査委員会は年4回の会議を2回は電話で、残りの2回は台湾で監査法人を交えて会議する、という形を取っています。これ

をすべて電話会議で行ったのでは、意思疎通がうまくいかない、という配慮からでしょう。一堂に会したときは必ず会食をとる、というしきたりのせいか、取締役同士の結束はかなり強いと感じられます。そのため電話会議でも十分目的が達成できているようです。

　ベンチャー企業が成功する確率は決して高くありません。仮に成功報酬を十分に与えたとしても、それが報酬として実現するのは、事業が成功した場合だけで、失敗すれば手にする金額はほとんどありません。それでもベンチャーに参加する人が本当のベンチャー精神の持ち主といえるのでしょう。

　アメリカにはこのようなベンチャー精神旺盛な人がたくさんいます。また、それをアメリカンドリームとして、わざわざアメリカにわたる外国人も多くいます。日本にはそのような人がほとんどいないのはなぜでしょう。これは前に取り上げた、リスク感覚のなさ、が原因と思われてなりません。これは日本人のリスクに対する恐怖心の表れが原因と思われてなりません。(2006/08/23)

第6節　ベンチャーとリーダーシップ

1. リーダーに求められるもの

　ベンチャー企業の経営には強いリーダーシップが求められます。戦後の教育は平均的な能力を高める努力がなされ、英才教育は軽視されてきました。リーダーと英才は違うかもしれませんが、その結果として、最近の若者はリーダーとは誰でもなれるもの、と思っている人が圧倒的に多いようです。リーダーに求められるのは説得力(Communication)、自信(confidence)、カリスマ性(Charisma)、献身(Commitment)、勇気(Courage)、および性格(Character)であるという人もいます。英語ではこれら全ての言葉がCで始まるため、6Cと簡便に呼ばれます。

　国際ロータリー(RI)という団体は20歳代の指導者を養成するため、RYLA(Rotary Youth Leadership Awards)というプログラムを提供しています。その中で、RIは地域社会で指導者となれる可能性をもった人材を発掘し、その資質を伸ばすため、6Cに加えて危機管理能力(Crisis Management)というもうひとつのCを重視しています。ここでは6Cについて考えてみたいと思います。

　最近の学校教育ではリーダーには誰でもなれる、目的別に

リーダーが必要、リーダーとは特殊な立場ではない、と教えているようです。一面それは望ましいことのようですが、はたして誰にでもリーダーの資格があるのでしょうか。上記の6つの資質を全て備えている人をリーダーと見るのは旧い考えでしょうか。カリスマ性は養成できるものではないので横においても、その他の資質はリーダーにとって必須と考えられます。特に自信、献身と勇気はなくてはならない資質といえるでしょう。カリスマ性は生まれつき備わったもので、付け刃で身につくものではありません。カリスマ性を除く5つのCは養成するための方法がいろいろと提案されています。したがって、それらの能力を学習やシミュレーションによって身につけることはそれほど困難ではありません。

　5つのCを身につけた人はだれでもリーダーになれる、というのは間違っていないでしょう。しかし、少しでもカリスマ性を持った人がリーダーになると、リーダーシップを発揮することが容易で、強力なチームに育つ可能性が高いようです。

　カリスマ性とはこの人なら安心して従える、あるいはこの人のためなら命も惜しくない、などと人に思わせること、と言えます。カリスマ性だけでトップに立つと、人は独裁者となる傾向が強いようで、6Cを身につけ、実践することは優れたリーダーには非常に大切なことです。

　リーダーの下にチームができたとき、必ずといっていいほど起こるのが、意見の相違や、利害の違いのためにチームが割れて紛争に発展することです。リーダーはこのような紛争が起きないよう日ごろ気にかけることが必要ですが、仮に紛争になっても、それをうまく処理して、後を引かないようにするとか、再発しないようにすることが必要です。日本人同士の場

合は起きないことが、言葉の違いや、宗教の違いのために発生するケースがあるのは、国際的な場で、多民族のチームを編成した場合です。このような場合、リーダーには論理規範を貫き、感情的にならないことが求められます。民族、宗教、文化などが異なっても、論理は共通だからです。

リーダーがあいつは気に入らない、といった個人的感情を持つことがあってはなりません。チームの誰に対しても公正な立場で接することが必要で、一貫した倫理観を持つことも大切です。そのようなリーダーには生まれつきの性格に加えて、トレーニングによって身につく要件を備えていることも必要といえるでしょう。(2007/07/26)

2. リーダーシップと危機管理

リーダーとしての資質を考えるとき、一般的には説得力、創造性、責任感、人望などの要因が必要と考えられますが、忘れてはならないのが紛争処理能力と危機管理能力です。率いるグループ内で紛争が起ったときに、これをいかに処理するかで、爾後のチームとしての成果に影響が出ます。

リーダーの示す行動規範にグループが従う、というのがあるべき姿とすれば、リーダーが最も高い倫理規範を示さなければなりません。どんなに厳重な内部統制組織を作り、規定をそろえても、トップが率先してそれを守らなければ、それらは絵に描いたもちに過ぎず、仏作って魂入れずに終わります。

企業の不祥事が報道されるとき、経営者からは例外なく知らなかったとの発言が聞かれます。後に調査が進むと多くの場合、実は知っていた、というケースが多いようですが、自ら

率先して規定を守る姿勢を見せていれば、そのようなことは起らないし、起っても知らないはずはなく、知っていれば直ちに対策を講じるはずです。

不祥事を起こした企業が再発を防止することは容易ではありません。企業文化を根本的に変えることが求められるからです。従業員一人ひとりが高い倫理意識を持つようになるには、号令をかけただけではすみません。既存企業の内部統制を改善するには地道な努力が必要です。

一方創業期の企業では創業初日から創業者がこれを実践していれば、入社する社員は創業者の背中を見て行動するでしょう。これが企業文化となって定着すれば、組織がどんなに大きくなっても統制の取れた行動が見られるはずです。リーダーが率先しなければチームは従いません。(2007/09/03)

3. リーダーの決断

リーダーの決断はタイミングを失すると取り返しがつきません。

組織のトップは常に決断を迫られています。ベンチャー企業のトップも同様です。事業が順調に成長しているときはトップの決断を組織が支え、会社が一体となってまい進しますが、いったん成長に陰りが見えると、トップに対する批判が起こります。リーダーは組織をチームとして結集し、決断を組織が支持して行動するよう日頃から心を配っていなくてはなりません。業績に陰りが出た時こそが日頃のチームけん引力を試す時です。

最近またしても内部統制不備が原因と思われる不祥事が相

次いでいます。日産自動車の件はまさにこれに当ります。これら企業の内部統制はどうなっていたのでしょうか。特にオーナー企業の場合は社内規定よりもトップの言うことが優先します。社員はそれが当たり前と考え、規定の存在は無意味となっています。

　内部統制が機能するためにはトップ自らが、社内規定を順守し、違反したときにはオーナーといえども咎めを受けなくてはなりません。見過ごされた時には社員がオーナーを内部告発してもよいのです。それなくしては、いずれ会社は社会から見捨てられ、信用を失い、企業価値は失われて行きます。

　トップは自らの存在意義よりも、会社の社会における存在価値を重んじる行動をとって初めて企業のトップとしての存在を認められます。自己中心の決断ではなく、社会のために正しい行動を決断できるトップが真の経営者といえるのではないでしょうか。(2009/03/08)

第7節 ベンチャー企業と競争

1. 競争の原理は必要

　ベンチャー企業では残業という考えはあり得ません。ベンチャー企業は成果主義そのものだからです。成果を約束してベンチャーの創業段階に参加する、起業家精神旺盛な若者は、残業代などには目もくれないでしょう。成果を上げなければ給料が出ないばかりか、企業として継続できないからです。創業期において勤務時間を規定したり、始業、終業の時間を決めたりすることはベンチャー精神を矯めることになりかねません。就業規則を定めることはコンプライアンス上必要ですが、そこに時間給的な発想を入れることは考え物です。事務職でさえ、本人にやる気があればストックオプションの成功報酬で、残業代の代わりをするくらいの柔軟性が必要です。

　サービス残業規制の論議でベンチャー精神を後退させることは絶対に避けるべきです。仮に法で規制するなら、創業期（創業後5年以内程度）の企業には適用しない、との注記があってしかるべきです。運動会の徒競走で順位をつけない、式の教育や、サービス残業規制はベンチャー精神をはなはだしく殺ぐものといわねばなりません。マスコミの報道が社会通念を

後退させることを懸念します。起業家精神はそのような論議からは程遠いところにあり、それがなければベンチャーの成功はあり得ないからです。社会全体を、成果主義を否定する方向に向ける議論は避けなければなりません。日本の国際競争力が著しく低下していることと、この議論は関係があるのかもしれません。われわれが住む日本を競争の原理が働かない社会にはしたくありません。(2008/01/07)

2. 打って出る市場はグローバル

　周囲を見回さず、またはほんの目に入るところだけしか見ないで、自分は強いと思い込んで無手勝流で世間に出ると、自分以外にもたくさんの同じことを考えて実行している人がすでにいて、思ったより競争が激しい、という状況に出くわします。このような思い込み型の起業家は助言しても聞き入れることは期待できず、自ら痛い目に遭い、思い知って初めて思い当たるものです。助言を聞くより、自分で失敗を経験したほうが効果ははるかに大きいでしょう。

　日本における企業のスキャンダル、起業家の事業計画などを取ってみると、先進国といわれる世界の標準からかなり遠いところで勝負が行われている事に気づきます。

　欧米でも企業スキャンダルは発生しますが、いち早く対応策を作り、アメリカではSECによるSOX法、イギリスではFSAによる金融サービス市場法で企業の行動を監視しています。日本でもようやく金融庁が重い腰を上げ、イギリス型の監視機構を模索するようです。しかし、監視の仕組みを作るだけで不祥事がなくなるとは思えません。社会そのものが高い規範を

持たなければ、防衛庁の不祥事のように数年後にまったく同じことが起こりえます。調査によれば、前回の不祥事に指摘されたことが、まったく改善されず、官主導の悪事が継続していたようです。これは役人の行動規範が有名無実であることを示しています。それを許して相も変わらず就職先を官庁に求める社会にも問題があるといわざるを得ません。

ベンチャー企業を目指す起業家はハイリスク・ハイリターンを求めなければならないが、目指す市場は1000億円以上、獲得するシェアは50％以上、打って出る市場はグローバル、という3つの原則を守ってほしいものです。世界でオンリーワンを目指すのです。起業家にありがちなのは1000億円の市場があれば1％でも10億円ですからそれで成功です、と言って国内市場だけで満足しているケースです。

インターネットが発達し、ボーダーレスといわれるグローバルな経済の世界では競争もグローバルです。オリンピックと同じく、国内の競争で1位でも外国から競争相手が入ってくると、その地位はあっという間に奪われてしまうのです。起業家にはぜひとも創業前に十分な市場、競合の調査をグローバルに行って、自己の実力をベンチマークしてほしいものです。
(2006/03/02)

3. グローバルなプレーヤーをめざせ

巨大な市場を持つ日本のベンチャー起業家は、ともすると自分の市場を国内に求めがちです。すると競合も国内の競争に目が向き、海外からの参入を見落としてしまいます。日本の市場が大きいことは海外の企業も気づいており、そこに目を

つけたベンチャー企業は無視できない存在です。

　日本市場への参入はまったく自由であり、海外の起業家がマーケティング調査を行う手段は多様で豊富です。思い込み型の起業家にありがちな、ユニークな発想で、他に考え付いた人はいない、というのは多くの場合間違っています。日本全体を見ても、「日本の常識は世界の非常識、世界の常識は日本の非常識」といわれるように、世界で通用しない習慣やルール（あるいはルールのなさ）が多いことは多方面にわたって指摘されています。

　日本のルールが世界のルールよりもゆるい場合はこのような結果となりますが、逆の場合は参入障壁とみられ、貿易摩擦が生じます。経済はグローバル化し、国境のない競争の時代に突入しているので、どのようなベンチャー企業でも日本市場が世界のターゲットになっており、競争はグローバルであることを覚悟していなければなりません。

　家電機器のデジタル化に伴い、ネットワーク家電が巨大市場と見られています。家電王国である日本がエレクトロニクスの分野で再び世界のトップに立つ絶好の機会であるはずですが、アメリカの起業家たちは10年も前からこのことを見越しており、さまざまな形のネットワークを考えてきたはずです。もともとアーキテクチャ（構造、設計思想）の発想に弱い文化を持つわれわれは、これらの起業家に勝る発想ができるか、大いに疑問です。日本のあるベンチャー起業家がネットワークプロセッサと名づけたアーキテクチャを提唱しています。このLSIのユーザーである家電機器メーカーが日本のベンチャー企業の発想を取るか、あるいはアメリカ発のアーキテクチャを取るか、はたまた自分で考え出し、それぞれのメーカーが

独自仕様で開発して、かつてのVTR戦争を再現するのか、これは国家的見地から選択すべきことと思われます。

　歴史的に見れば、CPUといわれる中央処理装置は全てアメリカ製で、いくつかのアーキテクチャの中からインテルの提唱するプラットフォームが標準となりました。日本発のトロンのアーキテクチャは優れていると言われながら標準にはなりえませんでした。私は世界の常識では、日本の外交力、文化、政治が世界に君臨できる存在でないことと、標準のアーキテクチャを生み出せないこととが、無関係ではないように思います。

　将来を担うベンチャーは起業の最初から世界の市場を見据え、そこでの競合を認識して、グローバルなプレーヤーとなるべきです。そのためには若い間に海外へ出かけ、自分の目で世界の事情を確かめることです。数日の短期旅行ではなく、数ヶ月同じところに滞在して、地元の人の生活に馴染み、コミュニケーションを通じてそこの文化を理解し、複数の地域を訪問して見聞を広めなければ、世界を理解することはできません。また、そのこと自体が発想を豊かにし、よりすぐれたシーズを生み出すことにつながるでしょう。（2006/11/02）

4. ベンチャーは戦略で勝負

　起業家が競合との力の差を無視したり、市場調査の見方を誤ったり、調査を怠ったり、経営者としての指導力がなかったりするとどうなるか。いわずと知れた失敗です。そのどれ一つがあってもリスクは大きくなります。実際の戦争で軍部が誤報を信じて間違った指示を出せば敗戦のリスクが高まります

が、これはベンチャービジネスにおいては、起業家が間違った思い込みで突き進むのと似ています。戦略と作戦は戦争でも市場における競争でも、まったく同じことが言えます。

　経営者が誤った指示を出せば、社員は誤った方向に走らされ、無駄なエネルギーを消費し、結果が出ません。経営者は見えない市場を洞察力で見なければならないときもあります。それには仮説を立て、仮説が正しければどれだけのリソースを用意すればよいかを計算します。仮説が誤っているリスクも計算しなければなりません。これが戦略です。正しいと信じて突き進むだけでは危険です。進んでは確かめ、その結果間違っていると分かったら、方向修正しなければなりません。太平洋戦争のレイテ島決戦ではそのような確認がされた気配はありません。

　経営者は常に情報に敏感でなければなりませんが、特に不利な情報に耳を傾ける態度を明確にしなければなりません。有利な情報のみ採用する経営者はよい部下を持つことはできず、イエスマンに成り下がってしまい、正確な状況判断を下せません。限られた情報の意味するところを嗅ぎ取って、次の一手を考え出すのが戦略です。すなわち、見えない相手を想定して、これと如何に戦うかを考えるのが戦略なのです。相手が見えてからでは遅すぎるのです。

　ベンチャービジネスは往々にして顕在化していない市場に向けて商品を開発しなければなりません。そこに戦略がなければ成功は危ういのです。アメリカンフットボールが戦略のゲームだといわれるのは、レシーバーのいないところに、あらかじめ示し合わせておいて、ボールを投げ、レシーバーはランニングキャッチします。これが成功すれば、相手の意表をつい

て大きなゲインが期待できます。逆に相手はこの戦略を見抜いて、レシーバーを牽制しなければなりません。

　ベンチャービジネスがアメリカで盛んな理由も、この辺にあるのかもしれません。(2008/08/16)

第8節 マーケティングと事業計画

1. マーケティング

　事業を開始するに当たって市場のことを理解することが重要であることは言うまでもありません。事業が市場にあるニーズを掴んでそれに応えようとするのか、あるいはシーズの市場を開発するのか、によってビジネスモデルは違ってきますが、いずれの場合においても、事業を始める以前に市場調査を行うことが必要です。

　賢い起業家はあらかじめ市場調査により顧客を特定しておき、試作品ができたら直ちに評価してもらう手はずを整えておきます。一旦評価が確定するとその結果を大々的に宣伝して量産に入る、という段取りがもっとも有効です。これら一連の行動をマーケティングと総称します。

　プロダクトアウトといわれる市場開発型のビジネスモデルであっても、市場調査なしに事業を開始するのは海図なしに航海に出るようなもので、無謀というほかありません。その上、ベンチャーが市場開発するのは容易なことではなく、起業家の思い込みだけで実は存在しない市場を開拓しようとするのは、砂上の楼閣を追い求めるに等しいのです。その結果資金が

底をついて事業停止に追い込まれることは必定です。

潜在市場を開発によって顕在化させる手法はミッションマーケティングという言葉で言い表すことができますが、概して大企業の領域に属し、ベンチャーには馴染みません。起業家がこの製品は絶対売れます、という場合はマーケティングの結果なのか、あるいは起業家の思い込みなのかを検証する必要があります。

ベンチャー起業家がミッションマーケティングを前提に事業計画を作成していることが判明したら、エンジェルとしては警告を発するのが親切といえるでしょう。特に日本におけるBtoB（ビジネス対象が企業）の場合は実績のないベンチャーに対する警戒感が強いので、思いとどまらせるか、少なくとも市場調査と評価してくれる得意先の特定、できればエンジェルとして顧客を紹介してあげることが必要でしょう。

マーケティングという手法はアメリカから渡来したものと言われています。その時期は定かでありませんが、私の初経験は1974年にスタンフォードリサーチ（SRI）が行ったセミナーでした。その内容には触れるスペースがありませんが、航空会社の将来における競合は情報産業である、との洞察で、現在まさにそれが起こっています。もっとも顕著なのは旅行会社ではないかと思います。旅をしたいと思う人はかつて旅行会社に足を運びましたが、今ではインターネットで旅行のサイトを開きます。また、会議のための出張は航空機で、という時代から会議はテレビまたは電話で、という時代に変わったのです。30年で様変わりしたといえるでしょう。

このような変化を予見することもマーケティングの大切な側面です。それは新しいビジネスのシーズにもなり得ます。大

切なことは変化のスピードと市場が顕在化する時期の予測です。市場が大きいほど参入者が多いので、調査データが多くなります。このような場合は市場が顕在化する前の情報競争に先ず勝たなければなりません。これもベンチャーにとっては限られた資金しかないので難しいでしょう。

　通常は簡単な調査でリスクを洗い出し、ハイリスク・ハイリターン型のベンチャーとして起業するので、エンジェルの出る幕が大いにあるといえます。(2006/04/19)

2. 事業計画

　ベンチャーの起業であっても一般の創業であっても、事業を起こす場合にはなぜ起業・創業するのか、その結果何を期待するのか、結果を出すためにどのような戦略があるのか、といったことを計画書として作るのは当たり前のことです。その意味で事業計画は起業・創業の最低必要条件といえるでしょう。多くの場合起業・創業には資金が必要ですから、どのようにして資金を調達するのか、自己資金、外部資金の割合はどのくらいになるのか、投資か、融資か、といった資金の流れを明示する資本政策も必要です。資本政策は事業計画と密接にリンクしていますから、事業計画を改定する時は通常資本政策も改定する必要があります。このような資金の持つ意味を知っておくことも創業に際して必要な知識です。

　事業計画には事業のコアとなるビジネスモデルの説明、市場規模、マーケットウィンドウの開いている時期、競合の存在と差別化、利益性、売り上げ、損益、貸借対照表などの財務諸表、といった経営の要件について考察した結果が盛り込まれてい

なくてはなりません。ハイリスク・ハイリターン型の技術系ベンチャー起業のケースでは技術の優秀性に偏る傾向が強いので、市場と競合、収益性、評価してくれる顧客の有無などバランスを取った計画にすることが必要です。

事業計画を聞いた人がわくわくするほど成功の夢が感じられ、しかし、どきどきするようなリスクが含まれている、というのがベンチャーの起業案件として注目を集めるのです。「わくわく」には収益性、市場の大きさ、競合に対する差別化などの要件が影響し、「どきどき」には大きなリスクとそれを避けるための方策が述べられていることが必要です。

事業計画を作成するタイミングはまず創業前の準備段階、次に創業して資金を使い、結果が出始めたとき（結果が出ない場合も定期的に）、計画と実績を対比して相当の差異が発生したとき、などです。創業前に事業計画を作成しておくことは必須で、これがなければ海図なしに大海原に船を出すようなものです。海図にあらかじめ航路を記入してそのとおりに船を動かすことが必要であるのに似ています。外部資金を調達するときは資金提供者に説明できる事業計画がなくてはならず、調達した後計画と実績に相当の差異が生じたときは、資金提供者に対して理屈の通った説明をしなければなりません。

資金調達をするときには手を尽くしても、いったん資金が集まると投資家に対して梨の礫（なしのつぶて）、という起業家がままいるのは残念なことです。少なくとも3ヶ月に1度は進捗状況を説明できる報告書を出すことが必要です。株式公開を目指す起業家は未監査でも4半期決算書を作成しなければガバナンスのある経営者とはいえません。

事業計画の作成を指南してくれるエンジェル、あるいはコ

ンサルタントに相談することは有効ですが、すべて丸投げしたり、雛形を見て適当に埋めて作成したものを見ることがあり、これらが論外であることは言うまでもありません。あくまでも市場調査、競合調査、特許検索など事実に基づいたデータとシーズから来る開発結果を予想して計画に盛り込むのがベストです。(2006/04/17)

第9節　ガバナンスとコンプライアンス

1. 創造期企業のガバナンス

　もともと、企業統治は公開審査の段階で大急ぎで整備できるものではなく、企業体質に組み込まれているものですから、会社を設立する前から創業者の頭の中に明確に描かれていなければならないことです。すなわち、法令違反はしない、ステークホルダーすべてに開示義務がある、社内は透明な状態に保ち、創業者は全社員に経営状況を開示する、経営チームは相互にチェックし合う、など当たり前のことを創業した日から守る、という決心です。創業時、創業者1人であれば、頭の中を3つに仕切り、CEO（Chief Executive Officer＝最高経営責任者）、CTO（Chief Technical Officer＝最高技術責任者）、CFO（Chief Financial Officer＝最高財務責任者）の3役を1人でこなしていることを常に意識すべきです。

　経営チームが複数で構成された途端に頭の中にあった3役のどれかを引き継ぐことになります。経営チームの一人ひとりは背中に企業統治の看板を背負い、常に公正な言動を心がけなければなりません。従業員を採用したときは、社内の組織、社内規定、業務フローなどの仕組みを理解させ、それらの文書の

ありかを明示し、それらを遵守する癖をつけ、定期的にそれが守られているかをチェックしなければなりません。

ある外国企業の社外取締役としての10年間の経験ですが、2001年12月4日にNASDAQに株式公開し、取締役会に監査、報酬、指名の3委員会を設置し、会社は順調に事業を拡大しました。ファブレスとはいえ、ICメーカーとしての浮き沈みは経験しましたが、一貫してIPコアの強みを発揮し、競合に打ち勝って来ました。この間エンロン事件やリーマンショックに見舞われ、株価は影響を受けましたが、しっかりした内部統制の下で、ガバナンスを高いレベルに維持してきました。

それは創業者の倫理感とリーダーシップ、取締役会の姿勢の正しさ、監査委員会の機能、および全社の順法精神が維持できた結果と言えます。同社では毎年全社員を対象に、社内規定の再教育を行い、不正の告発を義務付けています。告発は上司に報告する形ではなく、取締役会の監査委員長にホットラインで行います。幸い、私の在任中には告発はありませんでした。因みにホットラインが働いていることを定期的に確認するテストも行っています。

このガバナンス体制は創業期直後から始まった創業者による社員との対話に端を発していると見られます。それが報告、連絡、相談のホウレンソウにつながったのでしょう。リーダーのコミュニケーション能力が如何に大切であるかを物語っています。(2010/06/09)

2. 経営者に求められる倫理観

八幡経営塾では創業する経営者に対して一定の行動規範を

守ることを要求します。これを断る経営者は支援しないことになっています。難しいのは支援が欲しいために猫をかぶる場合があり、それを見破ることです。どのような創業者も倫理に反対することはありません。

エンジェルは自らも行動規範を掲げ、これを遵守することを誓いますが、創業者が初期の一人で何役もこなす時期から、パートナーや従業員を採用する時期に自ら倫理を遵守し、背中にガバナンスの看板を背負って事業にまい進することを期待します。ベンチャーでは創業者の持つビジョンとミッションを明確にし、ガバナンスすなわち倫理観を事業の執行に適用することが成功への近道、と位置づけるからです。

そんな面倒なことよりも利益を上げることが重要で、その目的のためには多少の曲がったこともせねばならない、水清ければ魚棲まず、の喩えがある、という経営者もいますが、それは誤った考えで、水と魚の喩えを経営に当てはめることは正しくありません。経営環境は水ではなく、公正な経営者は魚ではないのですから。どんなに小さな不正も許さない、という経営者の姿勢は経営陣と従業員に緊張をもたらし、不正が行われたら直ちに報告することが当たり前の企業文化を創るでしょう。それはかつて共産主義国家や独裁政治で採られた恐怖政治の密告とは根本的に異なり、情報開示の制度なのです。投資家やエンジェルに対する適切でタイムリーな情報開示はステークホルダーと企業の良好な関係構築に不可欠です。

創業期の経営者には週あるいは月次の報告が求められ、開発や事業が軌道に乗った暁には月次あるいは四半期ごとの報告が求められます。八幡経営塾のエンジェルが支援する場合は、原則として毎月戦略会議を開催し、意思決定は取締役会で

行うことを起業家に要求します。これは経営の透明性を企業文化とするために有効な方法です。会議は定型化せず、活発な議論が起こるよう質問、指摘が飛び交うことが望ましく、報告を聞いて終わりということでは意味がありません。経営者にとって投資家は怖い存在ではなく、エンジェルと共に経営に効果のある助言を与えてくれる貴重な存在です。怖いと感じるときは経営者が責任を全うしていないからかもしれません。
(2007/07/19)

3. コンプライアンスの実践と監査

企業は社会の公器といわれ、その活動は遵法精神に則ったものでなければなりません。企業のガバナンスは経営の執行チームが取締役会によって監視され、内部統制機構が機能しているかどうかを監査法人がチェックする、という体制によって維持されます。

日本では経営を執行するチームと監視するチームが取締役会で明確に分かれていませんでした。多くの企業で不祥事が見つかり、この体制を見直した結果、執行とその監視を別の役割として分けることは株主の利益を守るために必要である、との資本主義の基本がようやく実行されるようになりました。

私はこれまで度々、株式投資についての考え方を述べてきました。株式投資は株主が株式の発行会社の事業に興味を持ち、事業が成功しそうだと思って株を買います。経営者にはその期待に沿って経営を執行し、事業を成功させる責任があるのです。執行状況のチェックが的確に行われなければ株主は経営の責任を追及することができません。そこで取締役、特に

▶ 第2章　ベンチャー起業の在り方

株主の代表である独立社外取締役が登場するのです。

　監査法人には取締役会がその責任を果たしているかを経営の監査によって2重にチェックすることが求められます。このチェックが的確に行われていないことが発覚すると責任を問われることになります。

　日本的経営といわれた和の経営は問題が発生しても内輪で処分して事を済ませようとするムラ社会的慣行を生みました。しかし、資本主義経済における経営にはもっと透明な情報開示が求められます。従来の慣行になれた経営者は情報開示を必要悪と捕らえ、できるだけ少ない開示で済ませようとするきらいがあるようです。グローバルな事業を営むためには世界の基準にのっとった経営が必要です。グローバルな企業の株主は世界中にいるので、日本の慣行で経営したのでは株主満足を得ることはできません。

　今日コンプライアンスといわれるのは世界基準に合ったガバナンス体制です。世界基準によるコンプライアンスを実践しなければ監査基準に満たないとの理由で株主の支援は得られません。また、株主の利益を優先しなければ資金が調達できないという事態も起こりえます。株主から資金を得るために経営状況を定期的に報告することは当然のことです。ベンチャー起業家が資金を集めさえすれば後は株主を蚊帳の外におく、ということがよくありますが、それでは次回の調達に差し支える、ということを知っておくべきです。

　未公開企業がベンチャーキャピタルから資金を調達する場合は、経営の独自性を維持するために資本政策をしっかりと立てておかないと、特定の株主に経営権をとられる事態を招きかねません。しかし、株主軽視の結果、経営批判が起こりえ

ることを経営者は常に意識しているべきであり、それこそが
コンプライアンスの根源といえるでしょう。(2006/05/20)

第10節　ベンチャー起業の出口

1. 起業に見る出口（エグジット）

　多くの起業家は優れたタネを持って起業に臨み、エンジェルなど協力者とともに夢を追います。資金を提供する3F（founder, family, friends）やエンジェルは起業が成功し、目指す出口に到達すると信じて協力を惜しみません。しかし、現実は厳しく、夢を達成できるのは起業する人の1％程度と言われます。起業の時点で、関係者はこの会社はその1％に入る、と信じていますが、確率から言えば当然99％に入ると覚悟しなければならないのです。

　出口の代表は株式公開ですが、株式公開しなくても、同様の成果が得られる方法があります。それは大手企業に買収されることです。日本ではまだ買収されることを想定して起業する人は少数です。多くの起業家は資金に行き詰って、仕方なく買い手を捜す、というのが実態でしょう。

　コンセプトの検証、試作品の評価までは最もリスクの高い部分です。量産段階は最も資金が必要なところですが、そこが得意な既存企業に引き継いで、会社ごと売却することを初めから企んでおく、という戦略も考えられます。この段階では企業

価値も上がっており、売却で得た資金で、再度起業すると、自己資金の豊富な創業ができます。このような起業家をアメリカではSerial Entrepreneur(シリアルアントレプレナー＝連続起業家)と称しています。出口の設定は複数の選択肢があるのです。

出口間際まで到達するベンチャー企業も創業期を乗り越えなくてはなりません。創業期の資金を提供する投資家がいなければ、いずれ出口案件も枯渇してしまう道理です。起業の時点でどのような出口を目指すのか、狙う出口を見据えて事業を展開することが、投資家の期待にこたえることになります。現状では大型の株式公開は望むべくもありません。

ベンチャーキャピタルはローリターンでもローリスクを狙っているので、事業会社への企業売却で確実に投資金額を回収することが望ましいのです。そうなると、起業シーズもおのずから限られ、ハイリスクの技術案件は敬遠され、手軽に出口を目指せる案件が歓迎されます。それは本来のベンチャービジネスが成り立たない、ということを意味するといえます。

資本市場が本来の姿を取り戻す時期はまだ見えませんが、業績が低迷するファンドが息をつけるようになる日が早く来てほしいものです。(2010/05/23)

2. M&Aは有効な選択肢

国内外で大型の企業合併が話題になっています。日本では企業買収は買った方の勝ち、買われた方は負け、という考え方が強く、調和を重んじる社会で好ましいことではありませんでした。

▶ 第2章　ベンチャー起業の在り方

　バブルが弾け、終身雇用と年功序列で平和に過ごした時期は終わり、競争の時代に突入してからは護送船団方式の金融界、成熟期に入った鉄鋼産業、商社不要論の広がった総合商社、はては世界の先端を走ったこともある半導体業界にまでM&Aの波は押し寄せています。戦前アルミ産業で海外からの買収を仕掛けられる恐れがあって産業界が戦々恐々としたこともありましたが、おおむね日本は世界の動きからかけ離れていました。

　しかし、21世紀に入って成熟産業にある企業の大型化は生き残りをかけて進んでいます。日本で企業買収が嫌われる理由はいくつかありますが、勝ち負けのほかに人事の問題が大きいように思います。合併後の組織の中で、人事をどのように行うかでその成否が決まるといえましょう。よく言われる、たすきがけ人事[*]は一見安全なようで、実は最悪です。これは終身雇用制度の中で編み出された日本的産物です。合併を成功させるためには、本来の目的を達成するために最適な組織を作り、外部も含めて人材を採用し、配置しなければなりません。終身雇用制度の中ではこれは不可能でしたが、今日の社会通

---

* **たすきがけ人事**

一般的には、合併により発足した新企業が、前身の2つの会社の出身人物を交替で社長・会長に充てることが「たすきがけ人事」である。特に、当事会社間の売上高や従業員数に大きな差がない対等合併の場合に多く見られる。

たすきがけ人事が採用される要因には、当事会社従業員同士のプライドや意地、企業文化(コーポレートカルチャー)残存へのこだわり、という感情的側面がある。(Wikipediaより)

念では実行可能と思われます。にもかかわらず、多くの経営者は買収されることを恐れ、防衛策を取ることに汲々としているように見えます。

マスコミでは経営者の自己保身などと悪口を言われていますが、企業の存続に最適の戦略を考えるのが経営者の責任だとすれば、M&Aは有効な選択肢の一つに間違いありません。株式持ち合いで買収を防衛するのは確かに自己保身と取られても仕方がありません。

もう一つの要因は縦型組織にありそうです。合併時2つの会社に類似の組織がある同業買収の場合は統合に際して、たすきがけ人事となりやすく、新組織の中で、旧組織の壁が残ってしまう可能性が大きいからです。

従来の縦型組織の命令系統を変えることは簡単ではありません。これを成功させる名案は提言できませんが、ひとつのやり方はプロジェクト制を採ることです。優秀なリーダーの下に明確な目的を掲げてプロジェクトを編成すれば、組織間の壁をなくすことができます。いわば企業内にベンチャーを起こすわけです。

リーダーには起業家精神をもった人材が相応しいでしょう。論理的な説得力、部下の動機づけ、リスク管理、明確な倫理規範、問題解決と紛争管理などはリーダーに要求される資質ですが、プロジェクトは限られた期間内に結果を出すことが要求されるので、これらの資質は不可欠といえるでしょう。この意味からも合併後の組織には新しい人材の投入が望ましいといえます。

ベンチャーが出口の選択肢として持っているM&Aにおいては、通常旧組織をそのまま維持することが多いのはM&Aの

目的が資金にあって、事業が継承される場合に限ります。目的が経営刷新にある場合は組織と人事を改革することは必須といえます。つまり、開発または事業が予想以上に急成長し、成功しているにもかかわらず、キャッシュフローが大きくマイナスとなった時にM&Aが出口となった場合は、現状のまま継続することが望ましいからです。

　一方経営が原因で成功せず、投資家にそっぽを向かれてM&Aの出口を選択したときは、経営陣は責任を問われて退陣し、再生を図ることになるのが普通です。既存企業の買収でも同様のことがあてはまるのではないでしょうか。(2006/08/03)

第11節　起業の周辺

1. 五つの「かん」

　高度文明社会で人が求めているのはモノではなくココロではないかと思います。その兆候として、社会起業家の出現、LOHASの台頭、ボランティアの増加などがあります。これらの兆候は産業構造や市場需要などにどのような影響を及ぼすでしょう。すなわち、軽薄短小の次に来るトレンドです。それは「緩・簡・閑・環・還」すなわち五つの「かん」で代表される商品であり、技術です。

　文明の発達は急ぐことを奨励しては来なかったでしょうか。その結果人は疲れ、ストレスが溜まり、体と心の病に罹る人が多くなりました。それはゆっくり(緩)働き、行動することによって解決できます。たまたま企業が人減らしを進めていますが、人を減らすのではなく、みんなが仕事を減らすことによって、人を減らさなくても同じ効果が挙げられます。労働時間を減らし、給料が減っても全員が痛みを共有するのです。

　忙しさが減れば、それだけ時間ができますから、高機能な機器を使わなくても、簡単な(簡)機能で間に合うはずです。それは高齢者にとっても親切な機器であることを意味します。利

便性より使いやすさを追求することにつながります。それは駆け足で生活するのではなく、のんびり(閑)過ごす時間を増やすということになるでしょう。そして環境(環)を大切にすれば、温室効果ガスが増えることを防げるでしょう。また、大気汚染も減ることになります。このようなトレンドはとりもなおさず自然に還る(還)ことを意味します。自然環境が改善され、里山が復活し、子供達が自然の中で生活する機会が増えます。

これら五つの「かん」に係わる産業、技術、製品を追求することが成功に繋がる、という見方をすると、ベンチャー起業のタネが見えてきませんか。そんな起業家を見つける努力がエンジェルに求められている、という見方ができるでしょう。
(2009/01/10)

2. 情報過多の時代

現代は情報過多のために、紙媒体にしろ、電子媒体にしろ、一顧だにされず捨てられる情報が多くなりました。郵便受けに入るDMと広告、メールに入ってくるメルマガ、広告メール、果てはスパムメール等々、数え上げればキリがありません。スパムなどは自動フィルターで消し去られ、時には広告メールもスパム扱いとなっています。豊富な情報は果たして社会の価値につながっているのでしょうか。

電子広告を収入手段とする、ウェブ型のベンチャービジネスモデルで起業するケースも多くなっています。情報が増えるにしたがって、一つひとつの情報の価値は下がっていくのではないでしょうか。なぜなら人間が理解し、吸収できる情報

第11節　起業の周辺▶▶

量には限界があるからです。データマイニングやナレッジマネジメントなどはそれを整理し、高度な利用を可能にする手法として発達しつつあります。それは確かに情報の価値をより高めるために有効な手段でしょう。

　メールや携帯電話で送受信される情報と、紙媒体で配布される情報とを比較すると、前者は一過性でありながら、常に最新、後者は残留性が高い一方、印刷された瞬間に陳腐化する、という特性があります。しかし、目の前を通り過ぎるような情報と、手にとって、あるいは積んでおいて後で読む、といった情報とでは脳への吸収が違いはしないでしょうか。

　もう一つの側面はメールや携帯電話による情報は、電話のように相互に拘束することなしに、必要と思えば、読んですぐに返事する、というリアルタイム性を持っていることです。しかし、他方で入力という操作が入るため、情報の短縮が行われ、携帯メールのように極端な省略が一般化して、話し言葉にまでそれが入り込んでいます。若い世代の会話を老人が理解できないのはそれが理由となっていることは確実です。それはとりもなおさず、情報の過多から来る変質と見られます。

　日本には多くの方言があり、異なる方言同士は完全に通じない時代さえありました。明治以来の教育とメディアの発達により、日本語はほぼ100％標準化されました。しかし一方現代語は進化（変化？）し続け、世代間で異なる言語を使い始めた感さえあります。これは現代人にメディアが突きつけた挑戦状ともいえます。特に携帯メールは短い文章にぶつ切りされて送信され、会話は刹那的になりがちです。まとまった概念が情報として伝わるのではなく、細切れの情報が飛び交っているに過ぎません。それは人間の思考にも影響を与えないで

しょうか。「切れる」人が多くなっているのは、情報を大きな概念として捉えず、ぶつ切りの情報を大量に持っている結果ではないか、と考えることができます。

このように利便性の高い文明の利器が文化に大きな影響を与え、知らない間に人間が変質している、という危険を冒しているように思えるのは考えすぎでしょうか。(2008/09/11)

3. 急成長の落とし穴

ベンチャー企業の多くは、技術系の創業者が事業のシーズを持って起業します。創業期には問題にならないことが、事業が拡大することで、企業経営を困難にする場合があります。技術の開発において中心となるのは、開発成果の性能、品質、堅牢性、保守の容易さ、などですが、技術者のもっぱらの関心は性能です。組織が拡大すると、品質は品質管理・信頼性部門の責任と誤解し、結果的に、必要な保守の容易さになどには気配りが行き届かないことが間々あります。あらゆる分野で自動化とIT化が進み、システムが複雑になると、開発設計技術者1人の責任範囲はだんだんと狭まります。そして縦割り型の組織経営に移行するのが普通でしょう。企業経営の難しさはこの縦割り組織を有機的に働かせることにあるといえます。

ベンチャー企業が事業に成功して、急速に成長して縦割り組織に移行すると、組織間の連絡がおろそかになり、それぞれの組織の成果を極大にする努力が主となるのが常です。ここに技術の進歩と企業経営のミスマッチが起こる危険が潜んでいます。戦後の日本では多くの企業は、ベンチャー企業か、中小企業が競合との差別化に成功し、高度成長の波に乗って大

企業へと拡大しました。特に奇跡とまで言われた70年代の日本企業の成長の陰にはこのミスマッチが多く隠されていたと思われます。市場拡大の中では問題に取り上げられなかったことが、成熟市場の中では足をすくわれることにつながりかねません。

　自動化、IT化によって人手による作業がコンピュータや機械によって行われると、作業ミスが減るので、その分品質は上がるはずですが、それに頼りすぎると、隠れている設計ミスが見落とされ、市場での大きなクレームに発展しかねません。技術者は自分の設計に自信を持っており、クレームの原因は部品や製造工程にある、と主張します。バランスの取れたクレーム処理は、原因を特定する前に、あらゆる可能性を浚い出し、しらみつぶしにするでしょう。それには経営トップが乗り出さなくてはなりません。組織に任せると、往々にしてスケープゴート探し、魔女狩りになりがちです。経営トップがクレーム発生に際して、原因を調べよ、というだけではバランスの取れない処理になりかねません。トップが先頭に立って指揮をとって初めて全体のバランスが取れるのです。

　経営における座右の銘の一つに「Good news is no news, No news is bad news, Bad news is good news」という言いまわしがあります。これはApplied Materialsの中興の祖、ジム・モーガンの口癖でした。クレームレポートはいわばbad newsです。これをgood newsに転換するのが優れた経営です。「原因を調べて報告せよ」、という指示はbad newsをno newsにしかねないことに、経営者は気づくべきです。ベンチャー企業が急成長するときの落とし穴もここにあるのではないでしょうか。
（2010/03/12）

▶ 第2章　ベンチャー起業の在り方

4. 悪いニュースこそ速く伝える

　ベンチャーに失敗はつき物です。だからといって、無鉄砲な創業で失敗してよいというものではありません。周到に準備し、事業の展開にどのようなリスクがあるかも見極めた上で、創業してリスク回避に失敗した場合は失敗の要因分析も比較的容易です。最初の失敗は学習の材料として貴重なものです。必要なことは失敗したとわかったときの対応と、処理にあります。対応が遅れて傷口を広げたり、処理を誤って未然に防げるはずのリソースの無駄遣いがあったり、などは失敗を致命的なものにしてしまいます。悪いニュースが速く伝わる組織にしていないと対応が遅れ、経営者の耳に届くのが遅れて、正しい処理を速やかに行うことができません。前述した「Good news is no news, No news is bad news, Bad news is good news」という経営のサイクルを実行していると悪い知らせが速く伝わり、敏速な対応が取れてよい報せに変わるのです。

　日本では失敗すると、リスクを冒して事業を起こしたこと自体を否定するかのような非難が起こることが多いので、起業家がリスクをとりたがらない傾向があります。リスクを恐れるのは挑戦心の欠如であるばかりか、リスク評価の手法が発達していないからに他なりません。特に大企業など既存組織では独りでリスク評価する必要がなく、組織全体で責任を取る体制なので、リスクに対する個人の感覚は鋭くなくてもよいと思ってしまいがちです。

　ベンチャーが既存企業に勝てるのは、リスクを冒し、それを回避して結果を出すことができる場合です。多くのベンチャー企業は回避できずに失敗の道をたどりますが、失敗から学習

して、事業の方向転換なり、再出発なりで再び挑戦する、という起業家精神は投資家から高い評価が得られてよいはずです。反面、失敗の処理を誤って全てのリソースを使い果たし、破産するのは優れた経営者の選ぶ道ではありません。リソースを残し、失敗を速やかに処理して、投資家の同意を取り付けて撤退、計画の変更、事業の転換などの道を選べば、再起可能である場合が多いのです。それを可能にするのは常に投資家に情報を開示し事業報告して、投資家と良好な関係を維持しておくことしかありません。

　一方失敗しないようにリスクを小さくする方法もありますが、そのような事業から得られる果実は小さく、投資家に還元されるリターンも少なくなります。それはベンチャーキャピタリストの望むところではありません。ハイリスクを冒してハイリターンを狙うためには経営者である起業家は高い倫理観をもち、十分な情報開示によって取締役会と株主との良好な関係を保つと同時に、従業員にも倫理観を共有させ、風通しのよい組織を維持しなければなりません。それが事業の拡大に役立ち、万一リスクが回避できないときにも迅速な処理ができるからです。

　企業不祥事の発生は組織の中に倫理観が確立されず、臭いものには蓋をする経営風土が横行している場合が多く、このような組織では報告は不適切で、過ちの処理は不十分かつ手遅れとなっています。経営トップが自ら過ちを正す姿勢を日ごろから見せることが、組織全体の倫理観を正す唯一の道ではないでしょうか。(2007/07/09)

5. 撤退の意義

　ベンチャービジネスの事業からの撤退は、企業の死を意味するので、その決定は容易に下せず、多くの場合結果として自然死となります。撤退の決定が投資家にいくばくかのリターンを残す道として、有効であることは事実です。そのような決定は経営者にとっては大きな苦痛であり、簡単に下せるものではありません。多くの場合社外取締役を含む役員会での決定となります。

　以前社外取締役をしていたアメリカのベンチャー企業で、このような場面に遭遇しました。社長は辣腕経営者で、開発資金をベンチャーキャピタルからだけでなく、事業パートナーからも引き出し、製品開発ではいいところまで行ったのですが、市場の立ち上がりが予定より大幅に遅れたため、売り上げによる資金回収ができずに、資金不足となってしまいました。既存株主はこれ以上の資金提供を拒み、事業売却を提案します。役員会の決定は売却を支持し、外部コンサルタントに依頼して、最も高い時価総額を提案する同業を探索しました。結果として投下資本の3割強での売却となり、投資としては失敗に思われました。

　アメリカのベンチャーキャピタルのしたたかさを見せ付けられたのはその後です。

　彼らは売却先の企業の株価が下がったのを見て、すかさず買いを入れ、回収資金全額を投入したらしいのです。金融の世界では常識なのかもしれませんが、当時素人の私は瞠目しました。結果としては開発結果が実を結び、市場が顕在化した結果、株価がうなぎのぼりとなり、当初の投資額を上回るリター

ンを手にした投資家がいました。これは撤退としては大成功の事例で、ベンチャーの撤退がいつもこのようなハッピーエンディングとなるわけではありません。しかし、もしも社長が独自開発の継続を主張して資金を使い果たしていたら、この会社は倒産していたと思われます。ベンチャーキャピタルの社外取締役がいてこそ、撤退の選択肢が生きた例と思われます。

現在急増している中小企業の倒産のどれほどに、このような撤退の機会があったかは、想像さえできませんが、再生の余裕を持って撤退を決定することは、経営者の重要な判断の一つであることを主張したいと思います。(2008/04/08)

6. 撤退の勇気

資金難の状況で、最後の足掻きで小額の資金を個人から集め、何とか苦境を脱したとしても、底をついた資金は大幅に増えるわけではなく、薄氷を踏む状況の連続です。挙句の果ては死の谷[*]をのた打ち回った後、自然死するほかはないでしょう。このような先が見えた段階で、エンジェルはどのような行動を取るべきか、大いに悩むところです。

追加資金がなければ死を待つ病人と同じですが、延命策を

---

* 死の谷

デス・バレー(Valley of Death)。ベンチャー企業が成功するためには、いくつもの困難を越えなければならないが、それを越えられなかったときは死が待っている。いかに素晴らしい技術を持っていても、資金不足で撤退を余儀なくされるケースでは、技術が死ぬという意味でも使われる。

とっても、特効薬（顧客の注文の大幅な増加）が間に合わなければ、臨終は眼に見えています。酸素吸入、点滴などの場当たり治療はコストがかかるのみで、本当に命を救うことにはならない治療と同じことの繰り返しです。資金集めと、残余財産の売却探しに走り回る社長の姿はエンジェルの心に響きをもたらします。何とかしてやりたい、と思う一方、それは瀕死の病人への延命策に過ぎない、とのつめたい理性の声が聞こえます。ベンチャー経営者にとっては最後の望みであるエンジェル、それが当てにできなくなったときの空しさが理解できるだけにこのような場面に遭遇したとき、経営者だけでなく、エンジェルにとっても苦渋の選択です。

　経営に携わる者として、人生のなかで、進むべきか、退くべきか、との選択をしなければならないときがあるでしょう。進む意義と撤退の意義は比較が困難です。進んで、潔く玉砕する選択は容易です。何もしなければ結果は同じです。しかし撤退する選択は資金が残っているのに事業縮小、あるいは閉鎖するのですから、職を失う社員の恨みを買い、進む勇気を失くしたとそしられるかも知れません。撤退の勇気は玉砕の勇気よりも尊い場合が多いのでしょうが、多くの場合取られない選択です。（2008/07/01）

第3章

ベンチャーの社会的役割

▶ 第3章 ベンチャーの社会的役割

第1節　ベンチャー社会への期待

1. 出でよ、ベンチャー起業家

　国の活力は大企業の活動のみで測るのではなく、未来の活性化につながる新規起業の質と量でも測る必要があります。日本では廃業が創業を上回る傾向が3年以上続いています。新規起業は起業マインドの発露です。そこには起業家精神に裏付けられた、周到な準備とリスクテイキングがなくてはなりません。

　ベンチャー起業の成功率は5%未満といわれます。そこにはハイリスク・ハイリターンの色彩が明白です。アメリカではベンチャーはナンバーワン、オンリーワンを目指せ、といわれます。それはとりもなおさず、ハイリスク・ハイリターンの世界に飛び込めということです。高い挑戦心、研ぎ澄まされたリスク感覚、市場に対する嗅覚などが要求される世界です。リスクを乗り越え、死の谷を渡りきって緑の谷に到達したときの勝利感は経験したものにしか分からないのは当然ですが、成功体験が語られることの少ない日本では、現実味が沸かないのも止むを得ないかもしれません。

　起業家精神の他に、それを支える仕組みも必要です。それが

エンジェルであり、顧客です。エンジェルは起業家のメンターとなり、起業コンセプト検証の資金提供者となります。顧客は実績に頼らず、新味あふれる技術を率先して試します。社会の風潮を安心、安全一辺倒からリスクを恐れず挑戦する方向に転換するきっかけを作る政策を打ち出さなければ、日本の将来はあり得ません。(2010/08/17)

2．トップに求められる人間力

　ベンチャービジネスの起業にあたり重視されるのは通常ビジネスモデル、ビジネスプラン、それに資金計画とされます。これらがなくては起業にならないことは言うまでもありませんが、それに加えて起業家の資質が問われることも事実です。どんなに優れたモデルとプランでもそれを実行する人のリーダーシップと倫理観が欠けていると、いずれは挫折するでしょう。すなわち、人を採用する段階ではこの社長についていけば成功しそうだ、と言われるほどの人間力が必要です。組織を整備する段階ではその運営に欠かせないのが上に立つ者の倫理観ですが、起業家にそれが欠けていれば、その下にいる者は上を見習います。必ずしも出口を目指さない中小企業のケースでも同様なことがいえるでしょう。

　しかし、ベンチャーや中小企業においては社内統制の仕組みはさまざまで、委員会設置会社は希少といえます。これらの企業ではトップの資質が組織運営を左右します。一人で起業し、一人で事業を運営する間は執行に携わっているとき、企画するとき、資金を出し入れするときはそれぞれ人格を変えなければなりません。CEO（最高経営責任者）とCFO（最高財務

責任者)を兼務しているからです。技術系の企業の場合はCTO（最高技術責任者）も兼ねていることになります。このような離れ業ともいえる切り替えができるのが人間力のひとつの側面でしょう。経営コンサルタントや、一部の投資家はモデルやプランをいじくる前にやって見ろ、少しくらいのいんちきは見逃してやる、といった暴論を吐く場合があります。たしかに社会の中で、その影響は無視できる大きさかもしれません。しかし、その見逃しは体質となり、いつか当たり前のことになる恐れがあります。

アメリカのApplied Materialsという半導体装置メーカーのCEOであったジム・モーガンの口癖は「Good News is No News, No News is Bad News, Bad News is Good News」で、その意味は「嬉しい報告は意味が無い、何も報告が無ければ悪いことが起こっている、耳が痛い報告は改善に繋がる」ということです。部下から聞きたくない報告を聞く耳を持つことが上に立つ者に必要な資質です。不具合の報告に、「それで原因は分かったのか」と聞き返せば、次回からは報告が遅れ、手遅れの事態になりかねません。「そうか、私も一緒に考える、先ず現場を見に行こう」といった対応が迅速な対応につながるでしょう。(2012/01/18)

3. ブームに冷水を浴びせた2つの事件

ライブドア事件は2004年のことですでに忘れ去られたかもしれませんが、不正会計事件として堀江貴文元被告が悪者に仕立て上げられました。もちろん法律違反は厳しく関われなければなりませんが、ベンチャーとして創業し、成功させた功

績は否定すべきではありません。裁判となり、拘留されたわけですから負の部分は当然裁かれるべきですが、それは彼の成功を打ち消すものではないからです。

同様に村上ファンド事件もインサイダー取引で村上世彰元被告も訴追されたため悪い面だけが喧伝されましたが、ファンドを組成し、ベンチャー企業に資金を提供したプラスの面は忘れ去られた感があります。

ベンチャー起業の波は過去に2回ありました。第1回は戦後の混乱期で、誰にも起業機会があった時期です。もちろん淘汰の結果生き残ったのは僅かでした。ソニー、京セラ、ホンダなどは成功の代表例といえます。第2の波はITバブルでアメリカのドットコムバブルに合せて起こりました。バブルですから必然的に消滅する運命にあります。第2の波に冷水を浴びせたのがライブドア事件と村上ファンド事件でした。

ブームが収まった時期ではありましたが、これらの不祥事はベンチャー起業マインドに完全に蓋をするものでした。これら二つの事例は確かに法令違反であり、裁かれなければならないものですが、裁判では負の部分のみが穿り返され、当然のことながら、功績があった事は報道されませんでした。ベンチャーにリスクはつき物で、ITブームで起業したほとんどの事業は舞台から消え、残ったのがこの2社（と言うのは過言かもしれませんが）、この大きな成功を収めた2社が不正を働いていた、と言う事実は覆うべくもないことで、ベンチャー企業イコール社会悪という構図を作ってしまったことは否めません。

もともと日本は儒教の影響を強く受けており、絆を重んじる文化ともあいまって、出る杭が打たれる社会になっていま

す。上記2つの事例が社会の秩序を乱す要因となったことは明らかですが、それはベンチャー企業が社会秩序を乱す要因であるという短絡志向につながり、ベンチャー起業への忌避観につながったと言えなくもありません。それはひょっとすると、ベンチャーは日本には不要であり、社会にそぐわない、という考え方になりかねません。

一方、ベンチャーに資金を供給する立場のベンチャーキャピタル(VC)会社もリーマンショックを機にベンチャー投資の矛を収めたように思います。このように起業する側にも、資金を提供する側にも逆風が吹く中、起業の思いとシーズをもったアントレプレナーは存在を絶ったわけではありません。

どんな世の中でもリスクを冒して起業する人たちがいるとすれば、これを支援する人たちも必要であることは言うまでもありません。エンジェルという言葉が日本の文化にそぐわないならば、起業伴走者とでも、創業支援者とでも呼んで、社会的に認知される身分を作って処遇してはどうでしょう。日本を起業する勇気を持つ人をみんなで応援する社会にしたいものです。(2011/10/24)

4. ベンチャー社会は来るのか

日本では起業の支援ができるエンジェルは誕生せず、アメリカとは全く異なった企業社会形成が行われました。一方大学に起業家育成講座が生まれ、ベンチャービジネスを推進する日本ベンチャー学会も発足して、21世紀には日本にもベンチャー社会が到来するか、との期待も生まれました。大企業がメガ競争時代に備えて合従連衡を繰り返す中、ニッチから創

めてベンチャー起業が盛んになる、という夢は残念ながら叶えられませんでした。その原因は複数の要因が重なったためと思われますが、いわゆるサラリーマン社会、長いものに巻かれろという旧弊、長期にわたる大企業全盛時代の影響、などが考えられます。見逃してはならないのはエンジェルの存在です。個人的にエキジット（投資金を回収すること）できないと、エンジェルは生まれません。また、大企業のトップを経験された企業人はエンジェルにはなれないでしょう。創業の苦労を経験しても、大企業のトップまで上り詰めると、その苦労は忘れがちでしょう。堀場雅夫さんはその意味でも稀有の存在でした。

堀場製作所の創業者である堀場雅夫さんは人生で最も力を発揮するのは40歳代であるとの持論から自らも50歳を機に引退し、事業を後進に譲りました。多くの企業経営者が経営トップに就くのは60歳代が大多数で、40歳代で経営トップに就く例は希少です。堀場雅夫さんは京都高度技術研究所（ASTEM）の最高顧問を務められ、長い白髪をポニーテールのようにひっつめ髪にした独特の風貌で背をまっすぐにして言いたいことを言うのが印象的でした。私もASTEMの評価委員を託され、5年間務めたことがあり、報告会ではいつもお会いしたので、その風貌はいまでも忘れられません。（2011/01/26）

5. 大企業一色の社会に未来はない

高度成長期が終わり、新しい段階の経済が発展し始めた時に、これを機会ととらえるか、危機と捉えるかで，行動のパターンは変わります。機会を捉えて起業する、というのがアン

トレプレナーシップです。しかし、そこにはリスクがあり、高度成長期の大企業の対応とは全く異なった能力が求められます。健康と挑戦心は大企業とベンチャーで共通した要因です。違うのは組織を使うか、個人の能力で実行するか、です。サラリーマンは組織の中でしか仕事ができません。ベンチャービジネスではすべてを1人か2人でカバーしなくてはなりません。個人の持つ能力で、すべてを賄うことはできませんから、ベンチャービジネスにおいては重点をつけることが求められます。石橋をたたいて渡る式の経営はベンチャーでは通用しません。最低限求められる経営品質は備えていなければなりませんが、細部については目をつぶらざるを得ません。それがリスクにつながるのです。

　一方顧客に着目すると、その多くは大企業ですから、新技術、新製品の採用には慎重で、ベンチャーから調達するときにも、ベンチャーが見逃した（故意に）ことも容赦はしてくれません。リスクは取ってもらえないのです。両社の間には大きなギャップがあると言えるでしょう。

　ベンチャー社会では顧客もリスクを覚悟で採用するか、またはベンチャーに協力してリスクを共有してそれを最小限にとどめる方法を取るかします。現在の日本社会はそうはなっていないと言えます。大企業にベンチャー企業を育てる義務がある、とまでは言えませんが、大企業には向いていない開発をベンチャーがリスクを負って行うのだとすれば、多少の犠牲を払ってでも技術や製品を評価し、結果をフィードバックするくらいは担ってもよいのではないかと思います。

　ベンチャーの起業にはある程度の蛮勇が必要です。失敗を恐れず、失敗から学ぶ覚悟が必要です。そしてスピードがすべ

てである、との認識を持たなければなりません。時には特許を取るよりはスピードを重視することも必要です。競合が追いつく前に前進するという離れ業を常に心がけることが勝利をもたらす場合があるのです。今の日本にはこのような人材が得難く、安定と安全のみを求める風潮ができてしまいました。このような風潮に逆らい、チャレンジ精神を子供に植え付ける親の存在が、最も求められるのかもしれません。もしもそれが実現しなければ、日本にベンチャー社会が来ることにはならないかもしれません。それは大企業一色の社会を意味し、すでに国際競争力を失った企業はいずれ衰退して、日本沈没の方向に他なりません。(2011/02/03)

6. 会社は誰のもの？

　会社ができる過程を見てみましょう。通常、事業のタネをもっているのは創業者です。創業者がよほどの資産家でなければ、外部資金を調達しなければ事業を開始できません。創業者は必ず成功するという保証もなく、時には潜在市場が顕在化するとのビジョンを持って大きなリスクを冒して創業し、事業計画を元に資金を調達します。資金はエンジェル（自ら創業し事業に成功して、大きな資産を作った個人）と機関投資家（VCなど）を株主として調達します。そして経営パートナーとチームを作り、組織を作って事業を始めます。事業には製造設備や、資材を供給するベンダーが必要です。製品を買ってくれる顧客を探して、求められるものを設計し、製造します。事業がうまく行って会社が成長し、株式市場に会社を公開できたら、大成功です。

この過程を見てわかるように、会社の価値は創業前の段階では事業モデルを固め、事業計画を作って失敗のリスクを冒して起業する創業者が持つタネにありますが、これを評価してやはり大きなリスクを冒して、資金を提供する株主を無視することはできません。会社の成長後の段階ほどリスクは低くなります。したがって、ステークホルダーズ[*]の間に順位をつけるとすれば、当然、起業家、創業期の資金提供者、創業期に参加するパートナーと従業員、顧客、という順になるでしょう。ベンダーと企業が安定してから雇用される従業員はそれほど大きなリスクを負っていないので、順位は低くなります。

　このように考えれば、会社は誰のもの、という疑問の答えは見えてきます。順位はつけましたが、会社のどの段階をとってもステークホルダーズの誰が欠けても会社はうまく行かないことに気づくでしょう。（2007/10/22）

7. 組織は社会のもの

　近代経営では「オレの会社」は存在を許されないはずですが、旧い体質のオーナー企業は多く存在しているのが現状です。日本はこの数年、グローバルでボーダーレスな環境にやっと反応し始め、会社の内部統制が厳しく問われ始めました。多くの不祥事が明るみに出たのは会社が誰のものかとの問いに答えが出始めた証拠のように思われます。これらの不祥事を調べ

＊ **ステークホルダー**（stakeholder）
利害関係者。ベンチャー企業の場合は経営に関わる関係者。具体的には株主、投資家、従業員、顧客、取引先、地域社会などを指す。

てみると、長年行われていたことを経営者が知りながら放置していたケースがほとんどで、いまさら悪いといわれても困る、と取られかねない経営者の発言さえありました。

　政治団体、官庁、官庁の出先機関、最近では相撲部屋などでも慣習化している不祥事がやっと明るみに出始めました。これは日本社会がやっと近代化し始めた兆しですが、いかにも遅すぎた感があります。会社だけでなく組織が誰のものかという問いに社会が答えを出している、といってもよいかもしれません。極端な言い方をすれば、会社だけではなく、すべての組織が社会のもの、国民のもの、と思って経営しなければならないのではないでしょうか。

　最終的な利害関係者が国民だ、と位置付ければ、その利益に反することはすべて排除されなければならず、組織の内部にいる人はすべての国民に対する責任を負っていることになり、会社の利益を優先に考えることはできなくなります。製品の品質、環境への影響、などを考えると、不正表示、汚染物質の廃棄などに対して内部の人間が目を光らせることが不正防止の最強の予防策となることに気づくでしょう。

　内部告発は封建的なムラ社会では考えられないことで、その体質を受け継いだ企業が多い日本の現状ではまだまだ告発の意識を持てる社員は多くないでしょう。チームぐるみの不正は外からは見抜くのが容易ではありませんが、チームのガバナンスを確立すればそのようなことは発生しにくくなります。組織のリーダーには公正という資質が要求され、それが最重要に位置付けられるようになってほしいものです。(2007/12/25)

8. 未公開企業への投資

　株式公開を予定する会社が、個人を対象に未公開株式の募集を行った場合、証券会社は原則としてその企業の新規上場時の株券の募集または売り出しの引き受けを禁止する、という法改正案が提出された。つまり、エンジェルや富裕な個人が、資金を提供したベンチャー企業は株式公開が原則禁止となるのです。この悪法は施行されるにはいたりませんでしたが、なぜこのような愚挙が行われようとしたのか、その背景を探ってみましょう。

　これまで、未公開企業の株式を使って不当な募集を行ったり、ありもしない公開話を持ち込んだりして、資金を詐取する手口がしばしば見られました。それは明らかな詐欺行為であり、取締りの対象となるべきです。適格投資家（Accredited Investor）はこのような詐欺に掛かることはあり得ませんが、個人の中には未公開株式のリスクを知らないで儲け話として乗せられる場合がままあったのです。日本では機関投資家を適格であるかどうかを規定する規制がありますが、個人には適用されません。それは個人が未公開株式に投資することはあり得ない、との考えに立っているからではないでしょうか。

　一方では起業家達には創業期の資金は3F（起業家本人＝Founder, 家族＝Family, 友人＝Friend）から集めなさい、と勧められます。3Fは企業家と親しく、また起業家をよく知っている人たちですから、そのような人たちがだまされることは普通考えられません。しかしエンジェルと出会って、事業モデル、事業プラン、資本政策を提示して、リスクを開示し、正当な評価のうえで出資してもらうのは立派な資金調達行為であり、

投資家は個人であっても適格投資家である、といえます。

　安全な金融機関への預貯金に慣れた人たちが、急にリスクアセスメントができるわけがありません。投資のリスクは多方面から評価することが必要です。それは学習と経験から得られるもので、他人に依存すべきではありません。投資に成功するか、失敗するかは大方運で決まる、といっても過言ではないでしょう。プロの投資家でも創業期のベンチャーに投資して失敗することは日常発生していることです。

　富裕な個人が未公開株式に投資する場合、どのような評価をすればより安全なのでしょうか。評価の前に先ず投資資金の性格です。生活資金、老後の蓄え、当面の使途は決まっていないが、いずれ使う予定がある資金、人のためになるなら、戻ってこなくともよい資金、などです。生活資金はいつでも引き出せる預貯金か、マネーマーケットのようにいつでも換金できる運用においておくべきです。老後のたくわえ、当面使途の決まっていない資金は長期に運用する金融商品の中から選ぶのがよいでしょう。ベンチャー投資の資金は戻ってこなくても困らない資金に限定すべきです。

　未公開企業に投資する場合、リスクがすべて開示されているかが大事です。隠れたリスクは最大のリスクです。起業家が気づいていないリスクはないか、穿り出すことがリスク軽減につながります。起業家の人となり、経営チームの強固さ、経営チームができていない場合、起業家にチームを作れる人間力がありそうか、といったことは事業のシーズである技術あるいは製品、そして競争力、といったビジネスモデルよりも大切である場合が多いのです。

　企業は人なり、の一言に尽きるといっても過言ではありま

せん。実際の投資はこのほかに時の運が絡んでおり、上記のすべてをクリアしても運が悪いと失敗します。多くのエンジェルは創業期の会社に投資して成功するのは、極めてまれであることを知っています。それが人のためになるなら、戻ってこなくてもよい資金に限定する理由です。(2010/08/27)

9. 適格個人投資家を増やそう

このようにリスクの高い創業期投資ですが、誰も出資しなければベンチャーは始まりません。富裕な個人で適格と認められる投資家からの出資が無ければ、多くのベンチャーが輩出されることはあり得ません。ベンチャー企業を生かす社会とは適格個人投資家が大勢いる社会、といってよいでしょう。

そのために必要なことは個人の投資家がベンチャー企業と出会い、経験豊富なエンジェルの評価を学習し、一緒に走ってベンチャー支援の経験を積むことです。八幡経営塾では、そのような機会を会員に提供しているところです。個人投資家を保護するため、という名の元に、愚かな保護規制を施行することがないように、社会が監視することと、投資家が賢くなり、誤った投資や詐欺に遭わないように、知見を磨き、多くの投資機会に接して経験を積むことが必要です。(2010/09/03)

第2節　ベンチャー社会と文化

1. 成功者に拍手を送る社会に

　新しいコンセプトが生まれるとき、アメリカでは先ずベンチャー企業がそれを実用化し、株式公開で更に事業を拡大するか、既存企業が企業買収して拡大します。

　日本で見るべきベンチャー企業が少ないのは半導体産業に限りません。大企業が跋扈(ほしいままに振る舞うこと)する社会が何時まで続くかは分かりませんが、環境、代替エネルギー、EV(電気自動車)、新型農業などの新しい事業のタネがベンチャー企業によって事業化され、成功する企業が続出する社会が来ることを願うのは筆者だけではないでしょう。このような社会が到来するためには、出る杭を打つことを止め、成功者に拍手を送り、実績のないものでも使ってみる、失敗者を力づける、リスクを恐れない、といった社会通念がまかり通る世の中にする必要があるでしょう。今の子供達が大人になったとき、そのような社会になっているためには、今大人が何をすればよいかを考えるときです。(2010/08/21)

2. 文明の格差とビジネス

　先進国の成長が鈍り、金融危機に見舞われた結果、有望市場を途上国に求める動きが盛んになっています。国内市場、輸出市場ともに経済が停滞した昨今、生産設備の稼働率を上げるために、途上国の成長に目をつけたわけです。ところが、未開発の市場で求められるのは、先進国の製品ではなく、自国の市場に合った製品です。低価格で、適当な品質で供給することが求められます。先進国の常識を押し付けても、購買力の低い国では常識が違うので受け容れられないでしょう。

　未開発の新興市場で成功するにはこのような新規な製品を考え出し、採用する経営の発想が必要です。簡単に既存市場から新興市場へ乗り換えることはできないのです。文明の格差は先進国が作り出したものですが、あまりにも速い速度で文明が発達し、競争が行われた結果、企業経営が行き詰った感もなきにしもあらず、と言えないでしょうか。その閉塞感を新興市場に打って出ることで打開しようとするとき、この問題に突き当たるかもしれません。

　ベンチャー企業が潜在需要を掘り起こすことは、時間との競争で無理だ、と言われます。新興市場には潜在需要があるのみです。しかし、発想の転換で空気自動車のような製品が生まれれば、それは直ちに顕在需要を生み出すかもしれません。この意味で、文明の格差は経営の好機をもたらす可能性が大です。常識をかなぐり捨て、非常識に挑戦することが機会を作り出すのです。（2010/02/01）

3. 遺伝子のスイッチをオンに

　ベンチャー起業の数で見ると日本とシリコンバレーの間には数百倍の開きがあると言っても過言ではありません。同じ人類でありながらなぜベンチャー精神にこのような開きができたのでしょうか。縄文時代にまでさかのぼってみると人類が原人から進化しながら移動し、シリコンバレーに到達したアメリカ人と日本に到達した縄文人の間にはベンチャー精神には今ほどの差はなかったかもしれません。アメリカで東海岸の保守性に飽き足らず西へ向けて旅立った人たちが中西部に落ち着いて再び保守的になるとそれに不満を持った人たちはさらに西を目指し、最終的にカリフォルニアにたどり着き、ゴールドラッシュをもたらします。それはベンチャー精神に他なりません。その精神は100年以上たった今でも衰えていないのです。

　翻って日本では強いものが領地を広げる弱肉強食の社会が戦国時代でしたが、徳川幕府が全国を平定し、人々が保守化した後は、ベンチャー精神は衰えてしまいました。それは現在まで続いており、少子高齢化社会においては親子の絆は強固なものとなり、親は子供に安定を期待し、子は親を心配させまいと大企業への就職の道を選びます。安倍首相は日本でも起業家が輩出されると期待しているようですが、現状のままではその期待に応える人材は希少と言わざるを得ません。シリコンバレーの人材と日本の人材が同じ遺伝子を持っているとすれば、「遺伝子の暗号」の著者である村上和雄博士が提唱されるように遺伝子のスイッチがシリコンバレーではゴールドラッシュ当時のままオンになった人が多く、日本では江戸時代

からオフのままで推移しているとは考えられないでしょうか。
　遺伝子のスイッチをオンにするにはきっかけが必要です。リーマンショックはその意味できっかけとなりえたと考えられます。そしてドットコムブームやライブドアの出現はその結果と考えられます。残念ながらドットコムブームは線香花火で終わり、ライブドアは道を踏み外したホリエモンによって終結の憂き目を見ます。安倍首相の期待に応える起業家が現れることがあり得るとしたら、八幡経営塾の指導と支援によってベンチャーの芽を育てるとともにベンチャーの面白さを体感できる場を作ることではないでしょうか。ここでも村上博士のいわれるサムシング・グレートの存在が求められます。（2008/04/18）

4. ベンチャー文化と大企業文化

　ベンチャー企業が起こりやすい文化というものがあるかどうか、私はいつも考えています。ベンチャービジネスはリスクを冒して大きな目標に挑戦し、投資家から資金を調達して、短期間内に事業を成長させ、株式公開かまたは企業買収によって、投下資金総額を大幅に上回る企業価値を認められて、資金回収を可能にするのがそのモデルです。すなわち、投資家は投下資金が回収できないか、その一部しか回収できないリスクを承知で資金を提供する代わりに、大きなリターンを期待するわけです。ちなみにベンチャー企業が創業を計画する段階から、成功して投資額以上のリターンを投資家に回収させることができる確率は1000分の5以下といわれます。いわゆる「千三つ」の世界です。

このようなベンチャービジネスに挑戦する起業家とリスクを覚悟で投資する投資家とはどのような文化をもつ社会から輩出するのか、というのが興味の対象です。アメリカはベンチャー社会と呼んで差し支えないほど多くのベンチャー企業を生み出してきました。新天地を求めて欧州から新大陸に渡ってきた人たちは大きなリスクを冒したことは言うまでもありません。先ず上陸したボストンとその近くには今でもベンチャー輩出の気運があります。先祖代々受け継いだ起業家魂が血を騒がせるのでしょう。

　東海岸からさらに西を目指し、大陸を横断して西海岸まで到達した開拓者たちは、途中の多くのリスクを乗り越え、美しい緑の谷、気候温暖な土地、黄金の夢を見られる鉱脈などを手にすることができました。これはハイリスク・ハイリターンということができるでしょう。また、それ以上西は太平洋で背水の陣ともいえる構図で根を下ろすことになったわけです。そこで一か八の勝負を挑む人たちが多かったのは当然ともいえるでしょう。南カリフォルニアと北カリフォルニアにそれぞれベンチャー企業の集積地ができたのはこのような背景によるものです。

　アメリカのベンチャー社会ではリスクを冒して起業する人を賞賛するだけでなく、失敗しても、「それみたことか」とか「いらんことをするから」などという非難は聞かれず、「次はがんばって成功しろよ」といった激励の声が出ます。実際起業して成功し、再び起業する人は多く、一方失敗にめげず2度目はより慎重な計画を立てて起業する人も少なくありません。IBMを飛び出してアムダール社を設立し、富士通に買収されて大きな資金を手にしたジーン・アムダールは1980年代に再び起業

して失敗しましたが、周りの人たちは「彼はもう一度起業するに違いない、そのときこそ成功するぞ」と期待したものです。

　日本では子を持つ親の多くは有名校を卒業して一流企業に就職することを子に期待します。実際学生の多くはその期待にこたえようとし、リスクを冒してベンチャーを起業したり、創業期のベンチャー企業に飛び込んだりする人はほとんど見られません。戦後の混乱期に起業した中から多くの有名企業が出た時期を除いて、日本ではベンチャー企業が輩出したことはありません。バブル期に一過性でベンチャー企業が雨後の筍状態で輩出したのはまさにバブルでした。そのほとんどは失敗して消えて行き、社会は「それみたことか」と葬り去ったのです。残念ながらこれまでの日本社会は大企業志向で安全を求めて来ました。それはひとつの文化といえるのではないでしょうか。

　しかし、大企業がリストラを断行し、いくつかの大企業が合併したり、不祥事で舞台から退場を余儀なくされたりするのを目の当たりにすれば、その志向は変わらざるを得ないでしょう。ここに日本社会の変革が期待されるのです。文化はそれほど急には変わりません。しかし変化の芽は確実に出てきていると言えるでしょう。(2006/03/14)

5. ムラ社会意識からの脱却を

　日本の伝統文化の中で美徳とされてきたのは調和、協調、そして勤勉であります。これらの要素は必ずしも創造性とかベンチャー精神とかと相容れないものではありませんが、これらの要素がムラ社会に根付いた結果、出る杭を打つ、失敗を許

さない、和を乱すことを嫌う、などベンチャー社会ではむしろ歓迎、ないしは許容すべきことが矯められてしまう結果となりました。競争やリスクを恐れ、徒党を組まなければ力を発揮できない国民性を育ててしまったように思います。

　ベンチャー社会ではリスクを恐れず、独りでも競争に果敢に挑戦することが必要条件です。少子化が進んだために、親は子にリスクを冒させないよう願い、若者はグループでしか行動できないように見えます。しかし、一方では多様化も広がっています。多様化は日本の伝統の中で、特に江戸時代の規律の中では抑圧されたと考えられます。

　人間は本来一人ひとりの個体が異なった遺伝子で構成され、10人10色のはずです。伝統の中で残すべきものと改革すべきものを選別するのは容易なことではありません。お互いに影響しあっているからで、ひとつを改革するとそれは他に悪い影響を与えることもあります。調和は美徳と考えられますが、重視するあまり少数意見が表に出ない、いわゆるイエスマン的な環境の元になりかねません。協調も同じです。協調を乱すことを恐れて新しいアイディアが埋もれてしまうこともあるでしょう。勤勉は申し分のない美徳ですが、効率を無視し、革新が進まないもととなることもありえます。

　このような伝統はムラ社会という閉鎖的な環境を作ることには貢献したと思われます。ムラ社会の中では出る杭を打って調和を保ち、失敗することを恐れて新しいことを取り入れることを避けるようになります。インターネットの発達、交通の便の向上でムラ社会は形式上なくなっていますが、われわれの心の中に存在していることは間違いありません。それはベンチャー社会の到来に伴って薄れていくものかもしれませ

んが、一人ひとりが個に目覚めて、自己を顕すことを恐れない、という自覚を持つことが必要です。とかく周りを見回して人の目を気にするのはムラ社会の名残以外の何ものでもありません。ベンチャーは他人がしないことを恐れずにすることから始まります。それは和を乱すかもしれませんが、新しいことをタネに事業を始めれば、どんな社会にもそれなりの衝撃を与えるものです。それが法律と社会倫理に反するものでない限り恐れることはありません。

　伝統文化を守ることと改革を進めることは必ずしも共存できなくはない、と考えてよいのではないでしょうか。回避策を熟考した上でのリスクは恐れず冒すべきです。周囲はそれを褒めこそすれ、止めるべきではありません。たとえその結果が失敗に終わっても、リスクを冒した勇気は称えるべきです。失敗は成功よりも学ぶところが多いからです。(2006/04/02)

6. 外人アレルギーとベンチャースピリット

　「文化」、「宗教」、「民族」、「言語」、「習慣」などの「5つの違い」は一朝一夕に乗り越えられるものではありませんが、1＋1＝2, という論理は世界共通です。それを相互理解に結びつけるのが共通言語でしょう。すなわち、「5つの違い」のうちひとつ、「言語」だけを乗り越えられれば、国際理解は一歩を踏み出すはずです。

　日本人にとって学科の中で外国語は最も苦手な科目のひとつといわれます。それは幼児体験がないからだ、という説もあります。外国で生まれ、その国の言葉に幼児期に接した経験は、長じて語学習得に役立つことが多いのです。これは外国語に

限ったことではなく、脳の発達の仕組みを考えれば当たり前のことです。ここに日本人の外国語アレルギーを解消する鍵があるように思えます。それを乗り越えると、外人アレルギーを解消できるかもしれません。同様のことがベンチャー企業アレルギーにも言えるはずですが、これは脳の発達過程で解消するかどうかわかりません。もしかするともっと難しいことかもしれません。

　ベンチャースピリットを養成するのは幼児期に鍵がある、との考え方は荒唐無稽ではなく、ベンチャースピリットが創造性とリスク感覚を基本としていることに思いを致せば、納得がいくと思います。創造性は3歳までの親の教育で決まるといっても過言ではありません。また、リスク感覚も同様で、危ないことに近づけない母親の本能と、リスクの存在を覚えさせようとする父親の本能とのバランスが必要です。もっとも、父親がリスクを怖がる今の日本では望むべくもないことでしょうか。(2007/08/14)

▶ 第3章 ベンチャーの社会的役割

第3節 ベンチャー社会を取り巻く状況

1. 女性起業家の活躍に期待

　数百人の起業家がいたとしてその90パーセントは男性ですが、十分な創業準備をされた方は5人といないでしょう。残念ながら日本で起業される方のレベルはアメリカと比べ物にならないほど低いと言わざるを得ません。というのもアメリカでは創業に当って相談できるエンジェルの存在があるからです。日本では創業相談の窓口が一部自治体にあるだけで、エンジェルの存在は望むべくもありません。これからの時代、女性の活躍が期待されていますが、女性を対象とした「キャリアマム」は働きたいと思っている女性にとっては心強い存在です。ひょっとすると女性優位の社会が実現するかもしれません。

　世界に目を向けると古くはアイスランドのフィンボガドゥテイル大統領、鉄の女といわれたイギリスのサッチャー首相、ドイツのメルケル首相は現在も活躍中です。アルゼンチンのキルチネル大統領も2003年の就任です。ブレギジットを主導したメイ首相もその一人です。日本では閣僚に女性が入ることがニュースになるほど珍しいことで、女性首相が誕生することは当面考えられません。男性優位は揺らぎないものと思

われます。

　キャリアマムに限らず最近の女性起業家の活躍は男性のそれに比べて目覚ましいと言えるでしょう。男性はリスクを取ることを恐れ、反面女性はリスクを恐れない傾向が強いと感じます。男性が就職にあたって親の期待に沿うべく既存の企業、とりわけ大企業を選びがちであるのに対して女性がリスクを取ることに親は口出ししないようです。とは言っても起業する女性の数がそれほど増えたわけではありません。男性優位の社会がひっくり返るくらいの女性起業家が出てほしいと思うのは私一人ではないでしょう。日本以外の国では女性が起業することは当たり前になっているようです。

　最近リケジョという言葉を耳にすることが多くなってきました。私が大学に入った時は工学部には女性はひとりでした。現在では私が提唱して創った中央大学ローターアクトクラブにリケジョが一人いますが、珍しいことではなくなったようで大慶至極です。理系文系の区別が日本ほど顕著な国は少ないと言えますが、東南アジア諸国でも女性の活躍は増えているようです。(2010/12/22)

2. 半導体ベンチャー起業の難しさ

　一昔前に比べると半導体ベンチャーの数は激減しています。半導体製造には多額の資金を要することから設計、マーケティングでの起業に限られてきたのは致し方ないことですが、絶対数が減ったことはなぜでしょう。

　その原因の一つは技術系の起業家の経営に関する知識の浅さが挙げられます。技術系の起業にはタネやビジネスモデル

に重きが置かれ、資金政策、ビジネスプランがなおざりになりがちです。技術系には文系知識が必要ないとの風潮があるからではないでしょうか。起業にあたっては資金繰り、資金調達、経理の知識が軽んぜられる傾向はないでしょうか。ともすれば技術系ベンチャーでは金がかかるのは当たり前といった考えが蔓延しているのかもしれません。技術系ベンチャーにはことさら経理の知識を持ったパートナーの存在が貴重といえるでしょう。組織の拡大、開発資金の使い方、そうした重要な局面で適格な判断ができて、時には起業家に率直な意見を言える人材を配することが肝要です。

　厳しい見方をすれば、起業家の資金に対する認識の甘さ、長期的な資金繰りを考えないままの起業、資本政策の欠如、といったことが金融危機に輪をかけて資金繰りを悪化させた、ともいえるように思います。半導体ベンチャーに対する投資方針転換はリーマンショックに始まったことではなく、その2,3年前からわかっていたことです。そのような環境下での資金の使い方は、よほど慎重でなければならないにもかかわらず、組織の拡大、開発資金の使い方を再吟味しなかった起業家は軒並み撤退に追い込まれました。それらの多くが技術系の起業家だったことは、経営チームの弱さによるものだったと言えるでしょう。(2010/12/10)

3. あるベンチャー企業の話

　特定の会社が多くの起業家を生み出す傾向にあるのは、職場の雰囲気が自由である、経営が開かれている、創造性を活かせる経営方針が貫かれている、などが影響していると考えら

れます。日本の多くの大企業ではこれらの要因に気づかずに、創造性を殺しているように思われます。私が在籍したLSI[*]ロジックからは数多くのスピンオフが出ました。これは創業者のウィルフ・コリガン自身の創造性と職場での自由な発想を尊重する姿勢がなせる業だったと考えられます。

彼の社内での講演の冒頭では常に自分が創業したころの話が出てきましたが、それが職場の雰囲気に影響を与えたことは間違いありません。このような開かれた経営と職場の自由な雰囲気は心の病を生みません。何をしょうかと悩むこともなく、なんでもありだからです。日本のLSIロジックのOB・OG会は今でも続いていますが、このことは話題に上がることがしばしばです。職場を卒業しても昔を忘れることがないのでしょう。この職場では心の病にかかった例はありません。(2010/11/12)

4. 創業期ベンチャーに投資を

日本ではハイリスク・ハイリターン型のベンチャーが好まれず、創業期のベンチャーへの資金提供は皆無とさえ言えます。加えてベンチャーキャピタル(VC)はリスクの高い創業期のベンチャーには資金を提供せず、成功がほぼ確実なメザニンステージ(株式公開前の中間段階にある企業)への資金提供にシフトしたことがベンチャービジネスを危機に追いやりま

---

* **LSIロジック**

ウィルフ・コリガン(Wilfred Corrigan)が1980年に創設した半導体製造ベンチャー企業。1983年5月にNASDAQに上場。ファブレス半導体製造モデルの先駆けとなった。

した。日本のVCには起業経験者が皆無で金融関係者の委員会での目利きが一般的です。それがレイターステージへの資金シフトの原因であることは明らかです。アメリカのVCのほとんどは起業経験者が運営しているので、目利きはプロフェッショナルが行っていると言っても過言ではありません。成り立ちの差から日本での目利きが改善されることは望むべくもありません。日本のVCの一部に企業のOBを顧問として採用し、目利きを依頼する例がありますが、リスクを恐れる姿勢に変わりはなく、本来の目利きの役割はできていません。

　エンジェルの存在が望めない日本社会での悪循環を断つ方法は一つしかありません。すなわち起業家を増やし、成功例を待ち、個人のエキジット(出口＝投資金が回収され利益を出すこと)を奨励してエンジェルとなる人材が世に出る時を待ち望むのです。それには政権、企業、教育機関が連携してエンジェルを生み出し、鼓舞することが必要です。一般財団法人八幡創業支援財団はそれを目指して設立されました。その活躍が本格化し、エンジェルを生み出すことに興味を持って財団の活動に参加していただける方が輩出されることを願ってやみません。(2009/08/09)

5. リスクマネーの行方

　すでに成長して売り上げが目前に迫っている、またはすでに売り上げが立っている企業だけに投資するVCがあるのは当然ですが、かといって将来のための新規起業を支援しなければ、ベンチャーの流れは止まってしまいます。エンジェルの少ない日本では、VCファンドの一部が創業期企業にも投資す

る、というモデルがここ数年続き、細々ながらベンチャー育成の動きがありましたが、この半年ほどはその動きも止まってしまいました。VCの経営者がリスクを取れないというのは、リスク評価をおそれ、成長支援を信じないからではないかと思います。八幡経営塾のように、過去の失敗に学び、新たな起業に期待をつないで、支援活動を行う団体がある以上、VCは協力して資金を提供すべきです。

　かつて銀行が一部の資金をリスクの高い創業期企業に提供した時期がありましたが、リスク評価を行う仕組みがなく、外部にそれを依頼するなど試行錯誤の結果取り止めとなり、現在銀行が資金を提供する例はありません。VCの資金の一部をリスクマネーとして取り分け、一般財団法人八幡創業支援財団のような団体と連携して創業期企業に提供する、といった仕組みを作ることも考えるべきでしょう。それを実現させるには実績を上げることが必要と思われます。その意味でも八幡経営塾の責任は重いといえます。（2009/07/22）

6. 挑戦心を呼び覚ませ

　中高生の間で、数学や理科は面倒なことをしなくてはならない、と敬遠する傾向が強いとか。それは自然現象などに興味を示さなくなった子供たちに共通しているのではないでしょうか。知りたいことがあればインターネットで検索すればよい、と考えても不思議ないくらい、インターネットは便利になりました。しかし、未来はインターネットでは知りえません。まず必要なことは自然現象などに興味を示すこと、次に少々難しくても、リスクがあっても、自分でやってみる挑戦心を呼び

覚ますこと、そして1度や2度の失敗にくじけて、尻込みしないこと、です。

　これは創業にも当てはまることです。起業のタネがあっても、ちょっと難しい、リスクが怖い、と尻込みしては創業することはできません。自然現象を研究するときには、まず観察し、次に文献を探して過去の研究を知り、そして新しいことに取り組むための準備をする、という順に考えを進めるように、創業に当たっては、自分の持っているタネが過去に起業した例がないか、市場性はあるかを調査し、ビジネスモデルとそれを実現するビジネスプランを描きます。研究と創業に共通しているのは、事前の調査と、綿密な計画がなければ、結果を出すことは難しい、という点です。そしてどちらにも伴うのはリスクです。（2009/03/31）

7. 経営に必要な人間の心

　エンジェルがベンチャー起業家を支援するときに、一番大切にするのは、起業家の夢を共有することです。夢には心があり、ビジョンがあり、ミッションが感じられます。ベンチャー企業は技術でもなければ、商品でもありません。起業家の心がベンチャーを起業するのです。従業員を採用するのも、お客様に商品を購入していただくのも、起業家の心から発せられる熱意によるのです。技術や商品を開発するときに、心がこもっていなければ、それは冷たい文明の利器に過ぎません。

　日本の学校教育では知識の習得に重きが置かれ、技術開発においては人としての規範や人の心を、置き去りにしていたように思います。それが高度成長期から成熟期に移行したと

き、人間の心を蝕むうつ病を起こした、と見られます。うつ病の直接の原因は働きすぎや、希望しない配置転換、退職勧告などですが、その背景にあるのは人の心に配慮しない開発や経営の姿勢ではないでしょうか。企業にとって成果主義は有効な経営手段かもしれません。しかし、経営から心が欠け落ちたとき、人はそれに追随することができなくなるでしょう。そして、強靭な精神を持つ人だけが生き残り、弱者は切り捨てられていきます。それは人の心をないがしろにした、非人間的経営と言わざるを得ません。

　経営者がもっとも大切にしなければならないことは、人の心をつかむことです。(2009/03/17)

8. 資本市場の変質

　資本市場の変質はどんな状況を生み出すでしょうか。現状の資金流動性の低下は短期的な現象としても、政府の財政出動により、流動性が回復し、銀行が活発に融資に応じた場合、その条件はリスクの排除であることは目に見えています。それは金融危機がリスクのとり過ぎから来た、との経験に懲りているからです。確実な担保を求め、ビジネスにつき物のリスクを回避しなければ融資には応じないでしょう。また、投資原資もこれまでのベンチャーキャピタル(VC)のファンド運営から一転して、ハイリスク・ハイリターンを嫌い、すべてのリスクを回避できる事業計画がなければ投資に応じない、すなわち見えないリスクが隠れている、ベンチャー事業には投資しづらい、という構図になります。

　したがって、リスクを冒してベンチャービジネスを起業しよ

うとする人たちには、金融機関からの投融資は受けにくくなります。ベンチャービジネスの盛んなアメリカでは、これまで創業期には3Fとエンジェルが資金を提供してきました。この資金を使って起業家はビジネスモデルを検証し、試作品を開発して市場に提供し、そこからVCの資金を引き出してきたのです。エンジェル資金の得がたい日本では、その代わりとなるのは公的資金です。VCがハイリスクを取れなくなった今、日本の公的資金はベンチャー起業家にとって、これまで以上に頼りになる資金源といえるでしょう。(2009/03/13)

9. 健全な投資活動を

　ものづくりや汗を流したり、頭を使ったりして働くより、お金を動かすほうが手っ取り早く儲けが手にできる、という風潮が世界中に蔓延しています。真面目に勉強して、仕事に就くよりインターネットでうまい話を見つけ、小金を動かして儲けるほうが面白いし、苦労して汗を流すのは馬鹿馬鹿しい、と考える若者が出てもおかしくない状況になりました。しかし、ライブドアの経験から、錬金術は存在しないことがわかっていたにもかかわらず、投資家はマネーゲームに走りました。そして真面目な投資家にまで大きな損害を与えたのです。それは健全な投資行動を阻害することに繋がります。一切のリスクを負わない、という萎縮した環境を作り出してしまいました。

　このような新しいビジネスが生まれ、育つには時間がかかり、景気が回復するには従来の循環期間よりずっと長くかかるでしょう。新しいアプリケーション、新しい概念、新しい技術、これまで省みられなかった技術、などもビジネスモデルと

して有望かもしれません。経験よりも洞察と創造が役に立つでしょう。(2008/12/31)

10. ノーベル賞とベンチャービジネス

挑戦心がないと、ベンチャー起業家にはなれません。ベンチャー起業のタネは理科系に限りませんが、挑戦心なくしてベンチャー企業は起こせません。研究開発型のベンチャービジネスは、ノーベル賞に似ており、発明（起業のシーズ）が人類に役立つ（市場で評価される）ことが検証されて初めて受賞（成功して出口に至る）の対象となります。平和賞などは比較的短期間で立証できるので、コソボ紛争解決の役に立ったフィンランドの前大統領アハティサーリ氏が平和賞を受賞されました。ベンチャービジネスでもウェブ系モデルや販売モデルは比較的短い期間で評価されてIPOに至ります。

このように考えてくると、理科離れは挑戦心の欠如を意味し、それはとりもなおさず難しい研究に取り組まなければならないノーベル賞学者の減少、そしてベンチャー起業に挑む若者の減少を意味するのではないか、と恐れるのは私だけでしょうか。(2008/10/11)

11. 少子化とベンチャー起業

少子化の傾向が波紋を広げていますが、以下の理由からそれに伴ってベンチャー起業家も減少することが懸念されます。先ず少子化の結果親の子供に対する接し方が過保護となり、必要以上に面倒を見ることになり、それは自立心を損ないます。

▶ 第3章　ベンチャーの社会的役割

　また、安全を気遣うあまり、リスクから遠ざけ、子供のリスク感覚を麻痺させる可能性があります。危険に近づくことを過度に恐れる人はベンチャー起業には適しません。少子化社会では失敗を恐れてリスクを冒さない人が増えるでしょう。親は子に偏差値重視の教育を施して名門校を卒業させ、一流企業に就職することを望み、そうなるよう仕向けます。そのような教育を受けた人は企業人としてもリスクのある開発や新規事業には適しません。もちろん会社を辞めて自ら起業するなど危なくてできないでしょう。企業で身の安全を図り、失敗しない処世術を身に着けるか、技術者としてやりたい研究をさせてもらえれば満足し、それを事業化する気力も湧いてこないでしょう。

　他方、現在ニートと呼ばれる層が問題になっています。この人たちはまだ少子化の傾向が現れる以前に生まれています。ニートになった理由はさまざまでしょうが、この層には生きるために何かしようという気概のある人たちが含まれていると思われます。もっとも親掛かりでニートになっている場合は別です。一頃企業が新卒の採用を極端に絞った時期がありました。また、それを見た高校生は大学に行っても就職できない先輩を見て、大学へ進学することをばかばかしいと思ったかもしれません。しかし、会社に勤めないでぶらぶらしている内に何かの素質を持った人は発奮する機会が訪れると、他人に強制されるのではなく、自らやってみようという気持ちになるものです。このような人が少数でもいれば偏差値教育から一流企業というコースから外れたがゆえに、起業という機会に出会い、これを生かすことができる可能性があるのではないでしょうか。

一見順調と思われる人生が実は意に反して企業でも歓迎されず、いずれは役立たない人材としてリストラの対象となり、逆境を経験したニートのような人生経験者が却って企業に重用される、という皮肉な結果となることも考えられます。人の資質は教育だけによって磨かれるものではなく、遺伝子の中に組み込まれたものが影響して、あるとき突然現れることもあります。したがって、偏差値教育を受けても先天的な資質が発揮されればリスク感覚が甦ることもありえます。このような例は楽天の三木谷浩史さんに見ることができます。加賀電子の塚本勲さんはニートではありませんが、決して順調な教育を経験されたわけではありませんが、生来の資質が発揮されて事業を成功させました。しかし、これらの例は極めて稀なケースであり、どちらかといえば突然変異に近く、社会のシステムとしてこれに頼ることはできません。やはり、教育と指導によって起業家を育てることは必要であり、不可欠です。

　世の親達は自分の子がかわいいばかりに視野が狭くなって、子の将来の可能性の芽を摘み取っていないかを反省する必要があります。一旦失われた冒険心は永久に戻ってこない場合がほとんどでしょう。大人になってからリスク感覚を養うには非常な困難を伴います。もし日本の少子化に歯止めがかからなければ、またその恐れが実現する可能性は高いといわれますが、外国人を労働力として受け入れることは必至と思われます。日本人の外国アレルギーは別として、これがベンチャー起業に与える影響は考えさせられる問題です。ハングリー精神を失った日本人には困難なリスクテークも外国のハングリーな状況から出てきた人たちには当たり前のことでしょう。アメリカで中国人、インド人、韓国人などが相次いで起業して

成功した歴史が日本でも繰り返される可能性は低くありません。

少子化は起業家精神の育成に阻害要因であることは間違いないと思いますが、日本から外国人に負けない起業家が消えてしまうわけではないことを祈りたいと思います。(2006/05/19)

12. 政府系助成金の活用

これまで貯蓄に励んできた国民が、国の舵取りで急に投資に走った結果、リスクを十分に説明されないまま、いい加減な投資話に乗ってしまった例や、株式市場の急落を予測できずに大損した例など、新聞紙上を賑わせています。しかし、国民はこのような痛みを経験して投資のリスクを学習し、ヘッジする方法も身につけ始めています。そのうち、赤字財政の国が発行する国債のリスクを嫌って、国債よりもリスクの少ない投資対象を求めることさえ考えられます。

世の中のトレンドは個人の責任が問われる方向にあり、お上頼みからの脱却が進んでいるのが現状です。国はまず赤字財政を立て直し、自己資本を強化して真の余剰資金を生み出した後に、国民の拍手のうちに政府ファンドをつくってほしいと思います。国には国民が経験したような、失敗による学習は許されません。資金の運用は民間と個人にまず任せるべきで、国には行政という重い責任があるのですから、本来の責任をまず果たしてほしい、と要求するのは国民感情として当然です。

ベンチャー起業家が創業初期に使えるのは先ずは3F（ファウンダー、ファミリー、フレンド）から得られる資金、3点セット

(ビジネスモデル、ビジネスプラン、資本政策)がそろってエンジェルやVCの評価を得られればもう少し多い資金を導入することができます。それ以降は事業の成長に伴って得られる利益と売り上げからの資金を運転に回すことです。気を付けなければならないのは時価総額が低い時期に、多額の外部資金を入れることによって創業者の持ち株比率が下がることです。創業者は自己保有の株式の比率を高く保っていることが重要で、いざという時の資金調達に備えておく必要があるのです。

公的資金は助成金など株式と交換でない資金は自己保有の株式の希釈につながるので有利です。技術系ベンチャーではNEDO(国立研究開発法人新エネルギー・産業技術総合開発機構)の趣旨に合致した事業であれば申請を検討すべきでしょう。私が支援したベンチャーで2度にわたってNEDOの助成を受けた例があります。その事業は出口まで16年かかりましたが、パートナー企業が全株式を取得してM&Aが成立し、IPOよりも有利なエキジットでした。(2008/05/26)

13. 勇気を褒める文化

ヒトの遺伝子は母親の胎内で五体を満足に作り上げ、月満ちて生れ落ちるように一人ひとりを作り上げます。遺伝子学者の村上和雄さんはこれをサムシング・グレートのなせる業、と呼んでいるのです。人類がこの世に生まれて以来、ヒトが人として地球上に繁栄してきたのは、まさにサムシング・グレートが遺伝子に書き込んだ情報によるものと言えるでしょう。

さて、アメリカにエンジェルが多く、日本には一握りしかない、という事実も同様のことを物語っているかもしれませ

ん。俳優として成功した、オードリー・ヘップバーンの例を引くまでもなく、成功者が成功の果実を社会に還元するのが当たり前の社会と、国がその大半を税として取り上げ、納税者はそれで十分な社会貢献をした、と思ってしまう社会と、皆さんはどちらに軍配をあげますか。そして、そのような成功を仮に収めたとしたら、あなたはどうしたいと思いますか。

　日本では成功者への拍手を惜しまない一方で敗者に対しては完膚ないまでの悪評を下し、再起を許さない傾向があります。その結果がリスクへの恐怖となっていると考えられます。敗者に対してもリスクを取った勇気をほめたたえ、再び起業する勇気を持たせるべきです。その寛容性はシリコンバレーに見ることができます。アメリカでは起業が容易であると考えがちですが、実は起業までの周到な準備があっての上です。アメリカにはエンジェルが100万人以上いるといわれますが、それらのエンジェルは起業にあたっての貴重なリソースとなっています。エンジェルは自らの起業経験に基づいた助言を与え、これと思った案件には創業時の少額資金を出してくれることもあります。いわば3Fのフレンドになってくれるわけです。

　このような環境の整っていない日本での起業は非常に厳しいものがあります。これを補完する意味でも一般財団法人八幡創業支援財団は貴重な存在といえます。(2007/05/12)

14. 旭山動物園復活に見えるヒント

　旭山動物園は、動物園という既成観念から抜け出し、動物の生態を入園者にいかに見せるかを工夫した、というのが成功の秘訣だったようですが、そこに至るまでの過程はまさにベ

第3節　ベンチャー社会を取り巻く状況

ンチャーが死の谷を這いずり回った結果、出口に至る道を見つける、という物語に重ね合わせることができます。

　旭山動物園は日本の最北にある、北極の動物がいる、など設立直後はものめずらしさも手伝って、順調に来園者数を伸ばしましたが、バブル期全国にテーマパークが開設されるに伴って、下降傾向となります。それでは、とローラーコースターを新設して客寄せを図りますが、決め手とはならず、弱り目に祟り目で、エキノコックス症にかかって死亡する動物が続出し、ついには閉園の憂き目に直面します。資金もなく、施設の新設もできない状況で、職員の手作りの動物生態の説明図から始まって、動物の四季の生態を見せる工夫をすることにより、来園者数が増え始めます。それは動物園の側の論理ではなく、来園者の動機とニーズを足で稼いで調査したことに端を発します。すなわち、動物園（企業）による動物（商品）の押し付けから、来園者（マーケット）のニーズに合わせた動物の生態展示へと改変したのです。これは動物園経営者の思い込みから、市場ニーズへの気づきへと変わったことを示します。調査の方法は○×の質問表ではなく、個別の聞き取りによる方法を採用するという念の入れようだったそうです。

　起業家が3点セットを持って創業するのと持たないで創業するのとでは格段の開きがありますが、加えて3点セットの作成に当って的確なマーケット調査、ターゲット顧客の絞り込みなどを行えば成功率は格段に上がります。独りよがりの3点セットでは準備した甲斐がありません。加えて既存のニーズとニーズの創造を考える必要があります。既存のニーズには競合を伴いますが、ニーズを創造し、他人が気づいていないニーズを見つけることができればしめたものです。ニーズの創造

は常にターゲット顧客の動向に注意を払うことによって可能になります。旭山動物園の復活の例はまさにこれに当てはまります。(2007/03/09)

15. 創造性と管理

　研究やベンチャーの世界では創造性が求められます。研究所など研究者が組織内に多数いる場合に、これらの研究者を管理して、成果を出すことは容易なことではありません。自由に研究させることが創造性を引き出すためには有効に違いありませんが、組織としては効率的にリソースを使い、アウトプットを出さなくてはなりません。そこに管理という手法が持ち込まれます。研究者は管理されることを嫌い、押し付ければ創造性は低下して、角を矯めて牛を殺す、の喩のとおりになってしまいます。

　ベンチャーでも同じことが言えるようです。起業家として有名なウィルフレッド・コリガン氏を引用すれば、ベンチャー企業では開発者が「高価な自転車を買ったので、盗られるといけないから自分の研究室に持ち込みたい」といえば、「どうぞ」と言えるが、大企業では人事部が「そんな前例はない、一人に許可すればみんなが真似して大変なことになる」というのが関の山だろう、というわけです。ベンチャー企業の雰囲気はこのように自由に保つことが大切だ、ということでしょう。

　日本は典型的な管理社会といえます。大企業は組織で動いているので、組織全体を同じ管理体系で運営しないと、統制が取れません。徹底した管理を行った結果、創造性はすっかり影を潜めてしまいました。これからは大企業も創造性を重視し

た経営に舵を切ることになるでしょう。自転車を研究室に持ち込むことを許す環境を、管理しながらどのように作っていくかは大きな課題です。子供のころから創造性を育てるには、子供のやりたいことを止めないことが一番ですが、行き過ぎるとわがままで協調性のない人間ができ上がり、創造性とは無関係の資質が支配的となって不幸な結果となることもあるからです。

　アメリカ人のやり方が優れているというわけではありませんが、限られた経験から言えることは、幼児のころにしてよいことと、悪いことの区別を教え、他の子供と遊ぶようになると、気ままにさせることが創造性につながるようです。留学中に接した家族で見たことですが、そのようなしつけと家庭環境で育った子供が長じて俳優になったり、スポーツマンを経て、父親のベンチャー企業を継承したり、などの実例があります。幼時のときのしつけは体罰を伴い、長じるにつれて言葉で叱り、論理規範を身につけさせる、という具合です。決して、先生がどうこう言った、とか隣の○○チャンはお利口にしているでしょう、などという非論理的な諭し方はしません。

　このように考えてくると、管理社会からは創造性は生まれてこないことが窺われます。創造性があって、それをどのように管理するか、が問題になるのであって、現在の日本のような管理社会からどのようにして創造性を引き出すか、というのは問題にもならない、と言えそうです。現在進められている教育再生会議と中央教育審議会の議論の中で、創造性の問題はどの程度取り上げられているのでしょう。中央から末端まで徹底した管理の結果、経営においても、開発においても、マーケティングにおいても、創造性の無さが諸悪の根源のように見えます。

天才的な人材だけに創造性があるのではなく、誰にも何らかの創造性があり、それが発揮されるかどうかは、人の育て方にかかっている、と言えるのではないでしょうか。(2007/03/02)

16. 若者への期待

国家は国体(政治・経済)、領土、国民の3要素からなっています。したがって国民に焦点を合わせた討論は当然あってよいのですが、政治や経済の現況を見るとき、ここに討議の焦点をあてるグループがもっとあってもよいのではないか、と思いました。

未来の日本は若者たちに託すほかありませんが、ただ託すだけではなく、先輩であるわれわれは彼らが自身で進むべき方向を見つけることができるようにそばで見守り、そして相談相手になることも必要でしょう。しかしわれわれが思う方向に彼らを進めることだけは避けなければなりません。それはわれわれが犯した間違いを繰り返すことになるからです。彼らが独自の道を歩むことにはリスクも伴いますが、それは彼らの責任で冒険してもらわなければなりません。失敗もあるでしょう。しかし挫折することなく挑戦し続けるならば、いずれは勝利が待ち受けているはずです。その時こそ彼らの時代が花咲くでしょう。

その道はリスクを冒してベンチャーを起業するのと似ています。国家や社会を変革することはベンチャー事業を成功させるのと同じで、リスクを乗り越え競合する他の指導者たちとの競争に打ち勝つことでもあります。安心できる社会を目指す若者たちですが、リスクや競争にも目覚めて世界に出て行く

挑戦心を身に着けてくれることを確信します。(2012/09/24)

ベンチャー関連年表

2001年

- 1月30日 ダイエー創業者の中内功が同社の臨時株主総会で会長職を辞任。
- 5月20日 日本語版を含む13の非英語版ウィキペディアが発足、以後多言語化される。
- 9月11日 アメリカで同時多発テロ事件発生。
- 9月12日 1984年以来、日経平均株価が終値で1万円を下回る。
- 10月23日 iPod発表。革命的なデジタルオーディオプレーヤーとして話題になりヒット。
- 10月25日 Microsoft Windows XP OEM版発売。リテール版は11月16日発売。

2002年

- 2月22日 マイクロソフトが家庭用ゲーム機「Xbox」を日本国内で発売。
- 8月27日 ソニーが「ベータマックス」の生産終了を発表。
- 9月27日 日本鋼管と川崎製鉄が経営統合、両社の持株会社JFEホールディングスが発足。

2003年

- 4月25日 六本木ヒルズがグランドオープン。
- 4月28日 アメリカ合衆国でiTunes Music Storeが開始。20万曲、楽曲の価格は1曲一律1ドル。

12月 1日	地上デジタルテレビ放送が東京、大阪、名古屋で開始。

2004年

12月 2日	任天堂の携帯型ゲーム機「ニンテンドーDS」が日本で発売された。
12月12日	ソニー・コンピュータエンタテイメント(SCEI)が携帯型ゲーム機「PlayStation Portable」(PSP)を発売し、携帯ゲーム市場に本格参入。

2006年

1月16日	東京地方検察庁が、ライブドアおよび関連会社を、証券取引法違反の疑いで強制捜査。
1月23日	日本郵政株式会社が発足。
2月27日	東京都消費生活総合センターの調べで、2005年度に発生した未公開株取引に関するトラブルが、相談件数だけで前年度比4倍近くに昇っていることが判明。
3月18日	ソフトバンクが、携帯電話業界大手のボーダフォンを1兆7500億円で買収を発表。
6月 5日	村上ファンドがインサイダー取引したとして、村上世彰代表を証券取引法違反の疑いで逮捕。
7月14日	日本銀行が、2000年8月以来約6年ぶりとなる、ゼロ金利政策の解除を決定。
10月 1日	ボーダフォン日本法人、ソフトバンクモバイルに社名変更。

2007年

1月 9日 米アップルのカンファレンスでiPhoneの初代モデルが故スティーブ・ジョブズにより発表。

1月15日 日本の動画共有サイトニコニコ動画がサービス開始。

1月30日 Microsoft Windows Vistaが発売。

3月16日 東京地方裁判所、ライブドアの元社長、堀江貴文被告に対して、懲役2年6か月の実刑判決。

3月27日 インターネット検索大手Google、携帯電話専用検索エンジン提供開始。

4月19日 楽天、TBS株式を発行株式数の20％超まで買い増し、持分法適用会社とする意向を表明。

10月 1日 郵政民営化に伴い、日本郵政公社が解散。郵便事業株式会社、郵便局株式会社、株式会社ゆうちょ銀行、株式会社かんぽ生命保険、独立行政法人郵便貯金・簡易生命保険管理機構が発足。

2008年

2月19日 東芝、HD DVD事業からの撤退を正式発表。

9月15日 アメリカの大手投資銀行リーマン・ブラザーズが連邦倒産法第11章の適用を申請し、経営破綻（リーマン・ショック）。

9月29日 アメリカで金融安定化法案が否決。金融危機が世界的に拡大。

10月 7日 アメリカの金融危機のあおりを受けて株価が下落を続け、日経平均株価が一時9916円21銭を記録。1万円を割り込んだのは2003年12月以来。

10月16日	東京証券取引所の日経平均株価終値が前取引日に比べ1089円2銭安の8458円45銭となり、ブラックマンデーに次ぐ史上2位の11.41％の下落率を記録。
10月27日	日経平均株価、2003年4月のバブル崩壊以降最安値を更新、前週末比486円18銭（6.36％）安の7162円90銭となり、1982年10月7日以来26年ぶりの安値水準を記録。

2009年

10月22日	マイクロソフトのオペレーティングシステム（OS）最新版「Windows 7」が発売開始。
10月30日	日本航空（JAL）の会社再建のため日本航空再建対策本部を政府内に設置。
11月11日	政府の行政刷新会議が平成22年度予算の無駄を削る「事業仕分け」の前半を開始。

2011年

1月17日	アップルのスティーブ・ジョブズCEOが、病気治療のため休養すると発表。
1月21日	SNS世界最大手のFacebookが15億ドルを調達し、企業価値は約500億ドルと評価される。
3月11日	日本時間午後2時46分頃、東北地方太平洋沖地震（東日本大震災）が発生。福島第一原子力発電所（東京電力）において、原子炉の冷却機能が失われ放射性物質が拡散。
7月24日	日本のテレビ放送において、東日本大震災で大き

な被害を受けた岩手・福島・宮城の3県（被災3県）を除く44都道府県で、地上デジタルテレビ放送へ全面移行。
10月 5日　元 Apple Inc.CEO、スティーブ・ジョブズ死去。56歳没。
11月 8日　オリンパス粉飾決算が発覚。

2012年

2月10日　パナソニック、VHS方式の家庭用ビデオテープレコーダの生産を終了。
2月29日　高さ634mを誇り、自立式鉄塔としては世界一となる東京スカイツリーが日本で竣工。なお、人工建造物の中ではブルジュ・ハリーファ（828m）に次ぎ世界第二位。
8月 6日　アメリカ航空宇宙局の火星探査機キュリオシティが火星に到着（着陸）した。

2013年

3月31日　日本の国債、借入金、政府短期証券の合計金額（いわゆる「国の借金」）が2012年度末時点（当初予算ベース）で1000兆円の大台を突破。
9月11日　NTTドコモがiPhoneの提供開始を発表。

2014年

1月30日　Google、同社の携帯電話端末部門モトローラを、中国のパソコン大手企業レノボに29億1000万ドルで売却。レノボはアメリカ合衆国の携帯電話事

業に参入し、併せて2000件以上の特許資産を獲得。
4月 9日　Windows XPのサポート期間終了。
11月 3日　911テロ事件で崩壊したニューヨーク・ワールドトレードセンターの跡地に高さ約541mの「1ワールドトレードセンター」(1WTC)が完成。

2015年

4月10日　日経平均株価が一時、取引時間中としてITバブル時代の2000年4月17日以来、2万円台を回復。
7月29日　Microsoft Windows10の無料アップグレード提供開始。
11月 7日　東芝、不正会計問題をめぐり取締役としての注意業務を怠ったとして歴代三社長を含む旧経営陣五人に総額三億円の損害賠償を求める訴えを東京地裁に起こしたと発表。

2016年

1月 4日　税や社会保障に関連する共通番号制度（マイナンバー）が当初の予定より1年の遅れで開始。
4月11日　無料インターネットテレビ局AbemaTVが本開局。
5月12日　日産自動車、燃費改ざん問題の渦中にある三菱自動車工業の株式の34％を取得し、筆頭株主になることで基本合意したと発表、三菱自工が事実上日産の傘下に入ることが決定。
10月25日　日本国内でApple Payのサービス開始。
12月 1日　ディー・エヌ・エーは、医療情報まとめサイト

「WELQ」で掲載していた記事が医学的観点から信憑性に欠けるとして謝罪した上で、すべて非公開とすることを発表。
12月14日　ルノーと日産自動車の会長を務めるカルロス・ゴーンが兼任で三菱自動車工業の会長に就任。

2017年

3月29日　東芝の米原発子会社ウェスチングハウス(WH)は29日、米連邦破産法11条(日本の民事再生法に相当)の適用をニューヨーク州の破産裁判所に申請した。
11月 6日　ドナルド・トランプ大統領が初来日。安倍晋三首相と共同記者会見を行う。

2018年

1月26日　仮想通貨取引所大手のコインチェック(東京)は26日、仮想通貨「NEM」が不正に外部に流出したと発表した。流出額は580億円相当。
7月20日　カジノを中核とする統合型リゾート(IR)実施法が賛成多数で可決、成立した。
11月19日　カルロス・ゴーン日産自動車前会長が東京地検特捜部に金融商品取引法違反の容疑で逮捕される。

著者紹介

八幡 惠介
や わた けいすけ

キャリア歴

1934年　兵庫県生まれ。

1958年　大阪大学工学部通信工学科卒業。日本電気(株)入社半導体開発部配属。

1960年　フルブライト奨学金により米国シラキューズ大学大学院留学。

1962年　帰国し半導体開発部復職しトランジスタ、ICの開発に従事。

1970年　九州日本電気出向、最先端半導体工場建設、ICの製造に従事。

1972年　本社復帰。海外部で電子部品の海外市場開拓、アメリカとヨーロッパ各国に販売拠点設置。

1980年　カリフォルニア州マウンテンビューにNEC Electronics本社を設置、社長に就任。シリコンバレーにおけ

る人材採用の仕組みを探索中LSIロジック社長ウィルフ・コリガンと知己になり、同社日本法人の立ち上げと経営を頼まれる。日米半導体戦争の只中で、米国側の経営者として日本市場攻略を支援することに意義を見出し、転職。

1985〜1994年　LSIロジック社長。ASIC設計ソフトを中心とする市場開発、ASICの販売に従事。ソニーのプレイステーションに採用され年商100億円を達成。10年で退職する。

1995年〜1997年　アプライドマテリアルズ社日本法人の代表となる。

1997年　同社退職。ザ・フューチャー・インターナショナル有限会社設立。半導体関連創業期企業への資金提供と事業支援開始。約30社に投資し、3社がエキジットして資金回収。1社は現在奮闘中。
友人の紹介で東京中央ロータリークラブに入会。

1998年　盟友の黒澤篤氏とStart-up101社設立。主としてアメリカの創業期企業の支援。シリコンバレーのInternational Angel Investors(IAI)の日本支部を開設。

2001年　大和証券の担当者の紹介で元日本電子社員が提唱する創業アイディアに芽を認め、なのジオメトリの社名で特殊な走査型電子顕微鏡の開発を支援、16期で製造パートナーの東レエンジニアリングが全株式を取得してM&A。投下資金全額が戻った。これを原資としてエンジェル活動を継続。

2002年　東京中央ロータリークラブでスクーバダイビング同好会を結成、ライセンスを取得して静岡県大瀬崎、伊

豆大島、パラオ、グレートバリアリーフ、メキシコラパーズ、カンクンなど世界各地のダイビングポイントで潜り、タンクの本数で420本を超えた。現在も宮古島、石垣島などで活動している。

2003年　IAIをNPO法人化し、IAIの傘下を離れてIAIジャパンを設立。約60名の会員を集めてマーケティング、資金調達、エンジェル教育、資金調達などの活動を開始。会員のエンジェル活動啓蒙と外部からの相談に乗る活動を行った。その結果3社が創業し、内1社は順調に成長している。他の1社は技術開発の成果を三菱電機に認められ事業買収となった。あとの1社はいわゆる死の谷から出られずにいる。

2004年　ロータリー第2750地区にロータリー青少年指導者養成プログラム（RYLA）委員会が開設され、参加。継続して活動し、委員長、委員のほかオブザーバーとして継続活動している。RYLAセミナーを修了したRYLArianはRYLArianネットワークの枠組みの中で活動し、地区RYLA委員会のサポート、独自のプログラムを考えて活動するなど、活発に行動しているが、交流の対象と考え、できるだけ活動を共にしている。

2009年　中央大学にローターアクトクラブを作ることを東京中央ロータリークラブに提唱し、設置が認められ、中央大学ローターアクトクラブが発足した。

近年の活動報告

　中央大学ローターアクトクラブでは、初代会長の田中智君は20代で起業、30歳になった直後ロータリアンとして東京中央ロータリークラブに入会し、活発な活動を展開、将来を嘱望されている。2020年には平敦公君が入会を希望している。中央大学4年の1名が起業を考えており、成功すればロータリアン候補である。ローターアクトクラブの月例の会合には必ず出席し、懇親会にも参加して交流を深めることにしている。2010年以降RYLArianやローターアクトとの交流は高齢化後も若い発想ができる源になると考えてのことである。

　地区活動としては国際奉仕委員会でパラオ人の健康改善のための支援、カンボジアにおける教育支援、奉仕研究、ロータリー情報など各委員会に参加している。

　ロータリーではクラブ入会以来皆出席、国際大会もほぼ皆出席（やむを得ない事情で不参加の2回を除き）を維持している。2019年のハンブルク大会、2020年のホノルル大会、2021年の台北大会、2022年ヒューストン大会のすべてに参加予定である。国際大会に参加すると世界中で奉仕活動をしている事例が発表され、見分を広めるのに役立つばかりでなく、他国のロータリアンとの出会い、再会が楽しみである。

　日本からの参加者の多くは開会式に参加するだけで後は観光旅行に出かける場合が多いが、折角の機会なのですべての全体会議と午後行われる各種分科会の中から興味のあるものを選び、午後の時間を過ごすことが多い。またプログラムの合間をHouse of Friendshipで過ごし、ロータリーグッズ、RYLAピンやRAピン（会長、幹事、会計など役職名入り）などを必要

数量買い求め、セミナーや中央大学RACへ土産として持って帰るのも楽しみである。ただし、トロント大会ではいずれのピンも品薄でRAピンは見当たらず、RYLAピンも数が少なかった。オクトンで買うより割安である。

トロント大会でAKS(Arch Klumph Society)入りを果たした。ロータリークラブ入会以来、ロータリー財団への累計寄付額が2500万ドルを超えたためである。

ロータリー以外でも大広場小学校(大連)、灘高、大学の同期と定期的に同期会があるのでほぼ欠かさず参加、NECの最後の職場であった海外電子デバイス部での部下と八朋会なる会とLSIロジック時代の部下とのリユニオンを年一度開いている。出向先であった熊本の九州旧本電気時代の部下との交流も不定期ではあるが継続している。同社幹部と過去の出向者とも2年に一度リユニオンが続いたが、同社がルネサスエレクトロニクスとして衣替えしてからは一度開催され、その後途絶えているのは残念である。

一方事業面ではザ・フューチャー・インターナショナル有限会社としての活動は不定期ながら継続しており、実績としては融資先のシグナルトーク社(代表栢孝文氏)は期日通り元利返済して事業は順調に発展している。同社のビジネスモデルはネット上での麻雀ゲームで、一人でも麻雀に参加できるというもので、全国展開している。約30社に投資してシグナルトークのほかネットクレアスとNGRがエキジットし、前者は約6倍のリターンで大手電機メーカーに買収され、後者は製造パートナーが全株式を買い取るM&Aのエキジットとなった。その結果NGR社に投資した全額が戻ってきた勘定になる。またIAIジャパンと東京中央ロータリークラブの仲間と2018年

2月23日、一般財団法人八幡創業支援財団を立ち上げ、2018年12月2日に第1回セミナーを開催した。セミナー講師には元インテルジャパン会長西岡郁夫氏にお願いした。

　熱気あふれる講演とその後の質疑応答で、懇親会でも講師を囲んで熱心な討論が続いた。第2弾3弾のセミナーも企画中である。

ベンチャー起業とエンジェルの精神

著　者	八幡　惠介
発行日	2019 年 5 月 1 日
発行者	高橋　範夫
発行所	青山ライフ出版株式会社

〒108-0014 東京都港区芝 5-13-11 第 2 二葉ビル 401
TEL：03-6683-8252
FAX：03-6683-8270
http://aoyamalife.co.jp
info@aoyamalife.co.jp

発売元　株式会社星雲社
〒112-0005 東京都文京区水道 1-3-30
TEL：03-3868-3275
FAX：03-3868-6588

監　修　一般財団法人 八幡創業支援財団
©Keisuke Yawata 2019 Printed in Japan
ISBN978-4-434-25877-0

※本書の一部または全部を無断で複写・転載することは禁じられています。